AF390658

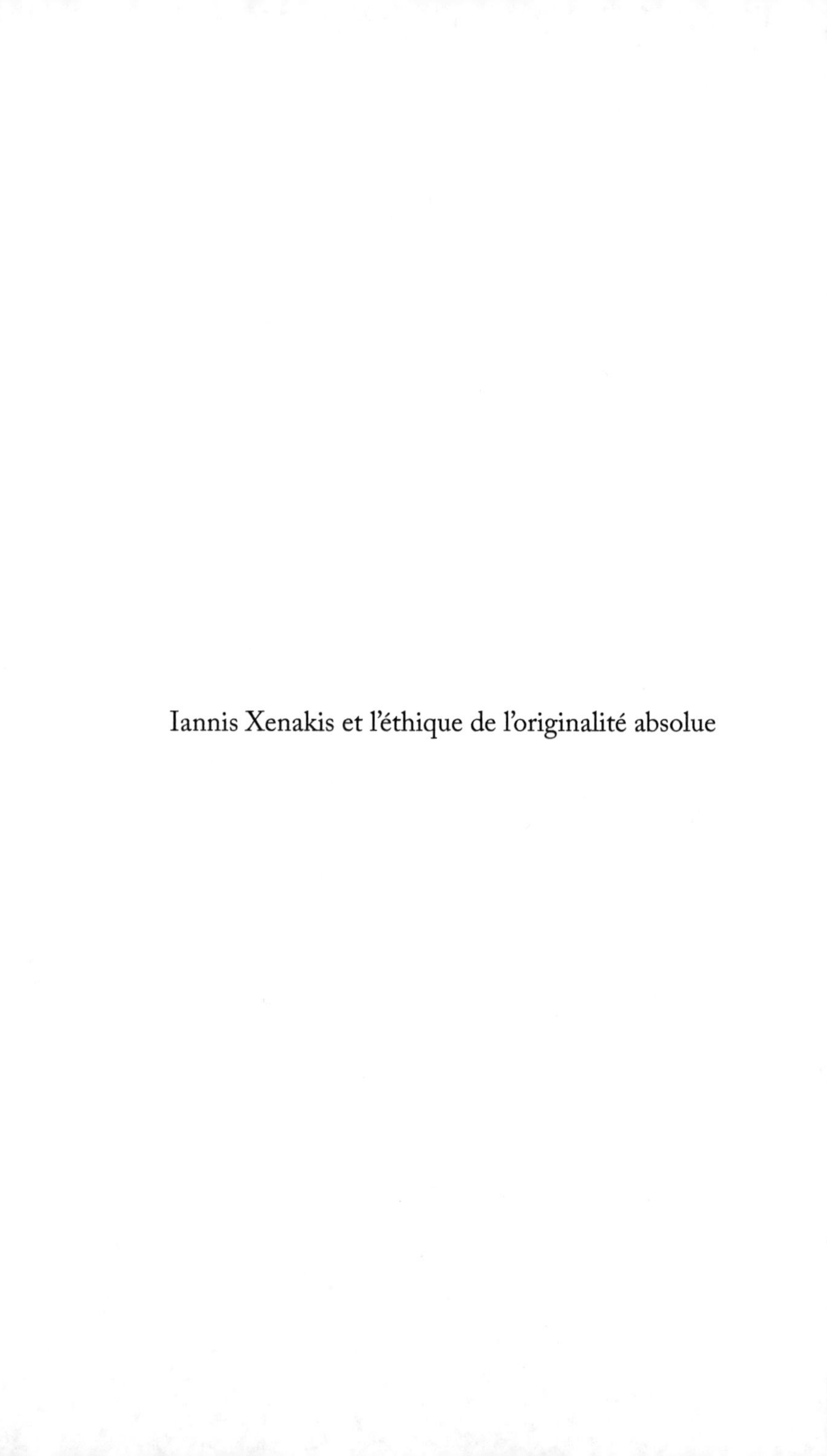

Iannis Xenakis et l'éthique de l'originalité absolue

Gérard Pape

Iannis Xenakis et l'éthique de l'originalité absolue

Traduit de l'anglais par Jean de Reydellet

UTEURP

Couverture :
portrait de Iannis Xenakis par Kurt Carpenter

Ce livre fait partie de la collection « Création ».

©2023 UTEURP
320, rue Saint-Honoré
75001 Paris
www.uteurp.com
ISBN : 978-2-9585283-0-0

Table des matières

Avant-propos 1

Se libérer de l'appartenance I 19

Se libérer de l'appartenance II 37

Se libérer d'une trop grande
compréhension 51

Se libérer de la liberté 65

Se libérer de la présence dans un espace
et un temps fixes I 79

Se libérer de la présence dans un espace et un temps fixes II 95

Se libérer de la tradition I 111

Se libérer de la tradition II 125

Se libérer de soi-même I 141

Se libérer de soi-même II 155

Postface 167

Avant-propos

En 1986, je lus un article dans le *Computer Music Journal* écrit par Henning Löhner sur l'UPIC, l'instrument de musique assistée par ordinateur d'Iannis Xenakis. Même si je ne le savais pas encore à l'époque, la lecture de cet article eut un impact sur toute ma vie.

J'avais commencé dans les années quatre-vingt à composer de la musique électronique et notamment commencé à m'initier à l'informatique musicale. Je m'étais installé un home studio dans ma maison de Ann Arbor, dans le Michigan. Il s'agissait du début des ordinateurs personnels et des home studios pour les compositeurs. J'avais un ordinateur Macintosh avec très peu de mémoire vive et pas du tout de disque dur. Mes premiers programmes, même à cette époque, me permettaient d'enregistrer et d'éditer des sons, et de les séquencer en utilisant le protocole MIDI. Pour choisir les sons avec lesquels travailler, j'essayais de voir quelles caractéristiques de la musique électronique analogique que j'avais étudiée à l'université du

Michigan se transposaient dans le domaine numérique. Les programmes disponibles à cette époque étaient Pro Tools et SoftSynth, tous deux fabriqués par la société Digidesign aux États-Unis. Alors que Pro Tools permettait l'enregistrement et l'édition du son, SoftSynth utilisait le paradigme de la synthèse additive et tentait de simuler certaines fonctionnalités des synthétiseurs analogiques. La société Yamaha proposait le célèbre synthétiseur à modulation de fréquence DX7 et, à partir du milieu des années quatre-vingt, d'autres modules de synthèse FM avec des sons prédéfinis. Peu après, les premiers échantillonneurs apparurent. Ils offraient la possibilité de simuler des sons instrumentaux ou des sons concrets comme des bruits. J'ajoutais alors à mon studio le module de sons Yamaha CX5M et l'échantillonneur Emulator III. Je séquençais ces sons électroniques FM ainsi que des échantillons de sons dans l'une de mes premières compositions mixtes, *La Tristesse de la Lune*, basée sur un poème de Baudelaire. Des logiciels tels que Professional Composer et Digital Performer de Mark of the Unicorn me permettaient de noter la partie vocale et d'enregistrer et séquencer les sons électroniques et échantillonnés.

Si je n'avais pas lu l'article sur l'UPIC, il est plus que probable que j'aurais continué à composer des pièces qui auraient suivi les principes utilisés dans ces premières œuvres, car le résultat était simple à obtenir et attrayant pour l'oreille. Je n'étais pourtant pas satisfait, car ce qui m'avait attiré dans la musique concrète et électronique était une certaine forme de liberté. Lorsque j'écoutais des pièces telles que *Concret PH* de Xenakis ou d'autres pièces de son époque GRM comme *Bohor*, je constatais que le matériau sonore était méconnaissable quant à son origine, sans hauteur exacte, riche en bruit, qu'il créait des masses sonores imprévisibles avec des rythmes internes qui n'avaient aucun lien apparent avec le type de rythmes que l'on trouve dans la musique instrumentale. Il me semblait déjà que le home studio des années quatre-vingt n'était pas conçu pour l'exploration sonore, mais pour faire de la musique populaire à la maison. Tel était le paradigme qui avait motivé les entreprises à développer des synthétiseurs et des échantillonneurs numériques.

Au milieu des années quatre-vingt, ma route croisa celle du Fairlight CMI II, un échantillonneur numérique haut de gamme qui avait la particularité de permettre de dessiner certaines caractéristiques du son, comme l'enveloppe d'amplitude. Il permettait à l'utilisateur de façonner l'échantillon en mettant à disposition une enveloppe permettant de dessiner une courbe personnalisée d'attaque, de déclin, de maintien et de relâchement. Cette fonction de dessin donnait l'impression de rétablir une partie de l'attraction du paradigme de la synthèse analogique dans la gestion du VCA, c'est-à-dire dans la capacité de programmer l'évolution du volume dans le temps. La possibilité de dessiner l'enveloppe était simple et intuitive dans le Fairlight, car on dessinait avec un stylo directement sur un écran. Pourtant, même si cet échantillonneur disposait de cette fonction supplémentaire, le modèle de synthèse sonore n'incluait pas de transformation du timbre autre que celle obtenue par modification de l'enveloppe d'amplitude du son.

Dans l'article du *Computer Music Journal*, je vis que l'UPIC de Xenakis avait pour caractéristique principale de permettre de dessiner non seulement l'enveloppe d'amplitude comme dans le Fairlight, mais également toutes les dimensions du son, de l'échelle micro à l'échelle macro. Il s'agissait d'une approche de la synthèse sonore faite par un compositeur, dans laquelle, en dessinant la micro-forme et la macro-forme, on ne créait pas seulement des sons, mais aussi des formes et des textures de composition. Ma réaction à la lecture de cet article fut de souhaiter voir cette machine et rencontrer son inventeur.

Plus tard, en 1986, j'assistais à l'ICMC (International Computer Music Conference) à l'Université de l'Illinois Urbana-Champaign, où Iannis Xenakis était invité comme orateur principal et compositeur. À cette occasion, je pus entendre pour la première fois *Mycènes alpha*, la composition de Xenakis créée avec l'UPIC et rencontrer le compositeur. Nous convînmes après cette réunion que je viendrais à Paris pour visiter son centre CEMAMu afin d'y assister à une démonstration de l'UPIC et avoir l'opportunité de l'essayer.

En 1987, je me rendis à Paris et passais plusieurs jours au CEMAMu ainsi qu'au CIAMI de Jean-Claude Eloy, qui disposaient tous deux de systèmes UPIC avec lesquels je pouvais travailler. À la fin de mes résidences dans ces deux centres, j'étais convaincu que l'UPIC était l'instrument de musique assistée par ordinateur qu'il me fallait. Je commandais un système UPIC pour mon home studio qui fut livré en 1989.

À cette occasion, Xenakis vint lui-même dans le Michigan, non seulement pour voir l'installation du premier système UPIC en Amérique, mais aussi en tant qu'invité de mon festival *TWICE*, que j'avais nommé ainsi en l'honneur du grand festival multimédia des années soixante *ONCE*. Trois concerts avaient été organisés, qui incluaient des pièces pour orchestre de chambre, un quatuor à cordes, un quintette pour piano, ainsi que des pièces électroniques.

Pendant les deux années qui suivirent, plusieurs compositeurs du Michigan, en plus de moi-même, composèrent des œuvres pour l'UPIC dans mon studio. Néanmoins, le temps que j'avais passé à Paris avait fait naître en moi le désir de travailler étroitement avec Xenakis. Ce n'est qu'en 1991 que l'on me fit savoir que le CEMAMu et le ministère de la Culture en France souhaitaient engager un nouveau directeur pour Les Ateliers UPIC, le deuxième centre que Xenakis avait fondé afin d'accueillir les compositeurs qui souhaitaient utiliser le système UPIC pour composer de nouvelles œuvres. On m'invita à postuler ce poste et j'eus la chance d'être choisi.

Je m'installais à Paris en septembre 1991 et m'aperçus immédiatement que l'UPIC était en train de faire l'objet d'une importante mise à jour. Les ingénieurs du CEMAMu venaient de créer une version en temps réel avec laquelle il n'était pas nécessaire d'attendre le calcul des pages UPIC et dont l'interface était grandement simplifiée grâce au système Windows. L'interface constituée d'une planche à dessin et qui permettait au compositeur de dessiner des formes d'onde, des enveloppes et des pages de partition n'avait quant à elle pas changé. Le compositeur pouvait rejouer la même page de partition à des vitesses différentes, c'est-à-dire à des durées différentes sans changer la hauteur de la note, et même jouer la page à l'envers ou à l'endroit à des vitesses différentes. Les timbres assignés aux dessins individuels, ou arcs, qui constituaient une page de partition, pouvaient être des formes d'onde dessinées à la main ou des formes d'onde courtes extraites d'échantillons. Le système UPIC permettait une combinaison de synthèse additive et de modulation de fréquence.

Ce qui m'attira dans le système UPIC et dans le fait de collaborer avec Xenakis en dirigeant ses Ateliers UPIC fut donc l'idée que composer de la musique assistée par ordinateur pouvait se faire sans aucun préréglage. Le système UPIC ne proposait qu'une simple onde sinusoïdale et rien d'autre pour composer. Tout le reste devait sortir de la libre imagination du compositeur. Au début, cela semblait très facile. Aucune programmation n'était nécessaire, seules des compétences techniques minimales étaient requises. Même les enfants et les amateurs pouvaient avoir accès à la musique assistée par ordinateur avec le système UPIC. Xenakis avait inventé l'instrument de musique assistée par ordinateur le plus facile et le plus difficile. Que dessiner ? Comment composer la musique ? Avec quels sons travailler ?

Tout était possible et pourtant rien n'était évident. Je me suis vite rendu compte que la liberté que Xenakis offrait avec le système UPIC n'était que superficiellement facile. L'histoire du système UPIC remonte à la première œuvre majeure de Xenakis, *Metastasis*.

Au début des années cinquante, Xenakis travaillait avec le célèbre architecte Le Corbusier. Avant l'aventure *Metastasis*, les premières pièces de Xenakis nous montrent qu'il aurait pu devenir le « Bartók grec » s'il l'avait souhaité. Ces premières œuvres semblaient s'inspirer de la musique folklorique grecque, tout comme Bela Bartók s'était inspiré de la musique folklorique hongroise. On constate une énorme rupture dans la production de Xenakis entre ces premières œuvres et *Metastasis*. La différence esthétique entre ces œuvres et celles qui suivront est si grande que Xenakis n'a autorisé leur exécution ou leur publication que très tard dans sa vie. Vu la nature très mélodique et joliment rythmée de ces premières œuvres, il est évident que Xenakis aurait pu obtenir un succès facile en faisant publier et jouer ces œuvres. Continuer à composer dans ce style aurait certainement garanti son succès dans le monde de la musique des années quarante et cinquante.

Ne choisissant jamais le succès facile au détriment d'efforts ardus pour découvrir l'originalité absolue, Xenakis eut l'idée, alors qu'il travaillait pour Le Corbusier, qu'en établissant un lien entre architecture et musique, il était possible de découvrir une nouvelle architecture et une nouvelle musique. Alors qu'il travaillait avec Le Corbusier sur le couvent dominicain de la Tourette, Xenakis eut l'idée de panneaux de verre ondulés qui suivraient les mathématiques du nombre d'or, ce que Le Corbusier avait appelé le Modulor. En appliquant les mêmes mathématiques à l'architecture et à la musique, Xenakis obtint un nouveau type de musique basé sur des transformations continues de la hauteur et de la durée, qui donna naissance à son utilisation caractéristique des glissandos et à son travail sur les masses sonores.

Metastasis commença par des dessins péniblement réalisés de hauteurs de sons en fonction du temps dans lesquels Xenakis traça pour chaque instrument de son orchestre à cordes les vitesses exactes des glissandos qu'il avait calculées. La partition graphique de cette œuvre de huit minutes pour orchestre devint un prototype pour les partitions graphiques UPIC à venir. Dans une procédure très fastidieuse, Xenakis transcrit ses partitions graphiques de *Metastasis* en notation quasi traditionnelle pour orchestre symphonique. L'ensemble de la procédure de calcul manuel des hauteurs, des durées et des vitesses de glissandos, la notation graphique de ces calculs et les transcriptions orchestrales des parties et de la partition lui prirent plus de deux ans. Ce travail très difficile suscita sans doute le désir d'une machine qui calculerait les dessins et les transformerait en son automatiquement.

La question se pose déjà ici de savoir ce que peut signifier « automatiquement » dans un contexte musical pour Xenakis. CEMAMu est une anagramme signifiant « Centre d'études de mathématique et d'automatique musicales ». La question que nous allons explorer dans ce livre est de savoir ce que Xenakis entendait par automatique musicale. Parlait-il de musique algorithmique ou même d'intelligence artificielle ? Qu'est-ce qui était censé être automatisé exactement ? Était-ce le travail du compositeur qui devait être automatisé ou autre chose ? Le compositeur lui-même devait-il être remplacé par un automate ? Selon la façon dont vous répondez à ces questions, soit Xenakis est le père de la composition algorithmique et même de l'utilisation de l'intelligence artificielle dans la musique d'aujourd'hui, soit il est le contraire de cela, quelqu'un qui désapprouverait toutes ces tendances contemporaines. Xenakis rêvait-il du jour où les compositeurs pourraient confier leur travail — si prenants en termes de temps et d'effort — à des machines effectuant automatiquement tous les calculs pour le compositeur, ou pensait-il que les mathématiques pourraient peut-être ouvrir la porte à des mondes sonores nouveaux et inédits ? Les automates musicaux devaient-ils être une porte d'entrée vers des sons musicaux riches et inédits ou étaient-ils simplement le moyen de créer des résultats musicaux rapides et efficaces afin que les compositeurs puissent produire rapidement de la musique au kilomètre ?

À l'époque où je dirigeais Les Ateliers UPIC de 1991 à 2007, le système UPIC resta l'outil phare du centre. Néanmoins, en l'an 2000, je décidais de changer le nom du centre en CCMIX. Ce Centre de Création musicale Iannis Xenakis commença à inclure d'autres outils en plus de l'UPIC, et un programme pédagogique fut développé pour étudier les questions que Xenakis avait soulevées dans son livre *Musiques formelles*. Une fois de plus, on peut se demander : « qu'est-ce que la musique formelle ? » Est-ce une musique composée avec une formule rigide qui recrache un résultat ne demandant aucune réflexion, aucune imagination, aucune responsabilité au compositeur ? Nous pouvons d'ores et déjà affirmer que si Xenakis avait voulu dire cela, il aurait appelé son livre *Musique basée sur des formules* ou *Musique de formules*, ce qu'il ne fit pas. Ainsi, quel que soit le sens du mot « formelle », il est certain que la formalisation de la musique a permis à Xenakis de libérer le son de la musique, mais jamais de libérer le compositeur de son dur labeur et de ses lourdes responsabilités de créateur musical.

Le CCMIX devint pour moi un lieu permettant de donner aux jeunes compositeurs une orientation sur ce que peut impliquer la liberté musicale, son extension et ses limites. La toute dernière fois que Iannis Xenakis vint au CCMIX pour parler à nos étudiants, il fut interviewé par le musicologue Harry Halbreich. Harry commença son interview de Xenakis en posant la question suivante : « Quel conseil donneriez-vous aux jeunes compositeurs d'aujourd'hui ? ». Xenakis répondit : « Je pense que la musique d'aujourd'hui devrait être très libre ». Halbreich répliqua à Xenakis qu'il ne trouvait pas très libres ses pièces — dites

ST — calculées de façon très stricte dans les années cinquante et soixante. Il alla même jusqu'à dire à Xenakis qu'il n'aimait pas ces pièces. Xenakis répondit que lui non plus n'aimait pas ces pièces et qu'ils étaient de toute façon en train de parler de la musique d'aujourd'hui, et non de la musique du passé.

Qu'entendait Xenakis par «très libre»? Renonçait-il à ses œuvres «stochastiques» précédentes calculées de façon stricte? Si oui, pourquoi? Qu'est-ce qui avait changé au fil des ans pour qu'il passe d'un compositeur «algorithmique» apparemment rigide à un compositeur de style «libre»?

La question pourrait également être posée de manière inverse : Xenakis a-t-il jamais été le compositeur algorithmique «mathématique» rigide pour lequel on a voulu le faire passer, celui qui se sentait obligé d'utiliser les résultats calculés exactement, obtenus en utilisant des fonctions stochastiques (ou d'autres types de procédures mathématiques)?

En 1989, je me souviens avoir dit à Xenakis que j'avais le sentiment qu'il était mal étiqueté en tant que compositeur «mathématique», car ce que j'entendais et ressentais en écoutant sa musique était une expression très profonde, une énergie énorme, une musique d'une grande puissance. Il me remercia de mon commentaire et confirma que pour lui les mathématiques ne furent jamais autre chose qu'un outil permettant de s'assurer qu'il ne composait pas la musique de quelqu'un d'autre. Il me dit qu'une fois convaincu de savoir ce que les fonctions mathématiques pouvaient donner comme résultats, il n'avait plus besoin de les utiliser.

Cette réponse clarifia pour moi beaucoup de choses sur l'approche de cet homme en matière de créativité musicale. Loin d'être un compositeur qui accorda une valeur intrinsèque à ce que les machines peuvent générer par rapport aux êtres humains, son seul souci était d'être original, de ne pas composer la musique de quelqu'un d'autre. Une éthique de l'originalité oblige le compositeur à trouver une méthode qui assure l'originalité, une méthode ou une technique qui garantissent que le compositeur ne s'est pas laissé influencer par un autre, et se retrouve peut-être à l'imiter parce qu'il aime trop sa musique. Je crois que nous pouvons dire que la raison pour laquelle Xenakis n'a pas suivi la voie de l'imitation de Bartók est que, quel que soit le talent de Xenakis pour imiter la musique de Bartók, il ne pouvait pas en bonne conscience rompre avec son éthique de l'originalité. Il était obligé de trouver un autre chemin, pas forcément facile.

Au cours de ce livre, j'explorerai toutes les façons dont cette éthique de l'originalité nous oblige à nous libérer de tout ce qui nous empêche de devenir ce que nous sommes. Nous ne savons pas comment ce que nous apprécions ou aimons fait de nous ce que nous ne sommes pas, seulement que cela fait de nous ce que nous aimerions être. La musique du compositeur que nous avons le sentiment d'aimer crée pour nous une image idéale dans le miroir, un masque que nous voudrions mettre, pour éviter de montrer notre vrai visage. Il peut être extrêmement anxiogène pour un compositeur de se regarder dans le miroir de sa musique et de découvrir un visage qu'il ne reconnaît pas. Il lui est alors possible d'écouter cette musique qui est la sienne et de ne pas la reconnaître comme telle. L'éthique de l'originalité implique l'obligation de dire la vérité sur l'identité et la nature de cette musique.

C'est pourquoi Xenakis a évité l'esthétique française de la beauté. Contrairement à certains philosophes qui assimilent vérité et beauté, l'objectif de Xenakis n'était pas que la musique soit belle, mais qu'elle soit intéressante. L'originalité — par quelques moyen ou méthode que ce soit — peut avoir pour conséquence une production qui peut s'avérer être dérangeante, tant pour le compositeur que pour le public. L'originalité n'est pas régie par le principe de plaisir. Dans le premier chapitre de *Musiques formelles*, Xenakis parle du but de la musique comme étant d'obtenir «l'ek-stasis», c'est-à-dire le dépassement de soi. Si l'originalité consiste à composer une musique qui soit sa propre et unique musique, en quoi est-ce un dépassement de soi ? Ce dépassement de soi dans «l'ek-stasis» xénakienne n'est-il pas exactement ce que Nietzsche entendait par le surhomme («ubermensch»), celui qui se dépasse lui-même en devenant exactement ce qu'il est ?

Devenir un compositeur original — dans le sens de devenir ce que l'on est — permet de dépasser l'image idéale que l'on voudrait projeter : celle d'un compositeur d'une belle musique qui plairait à ceux qui l'écouteraient, qui les ferait se sentir aussi bien dans leur peau que le compositeur lui-même.

Le chemin vers la musique originale ne s'obtient pas une fois pour toutes. Observer et étudier l'évolution continue de la musique de Xenakis dévoile chez lui une fébrilité. Il recommandait : «Il faut être constamment un immigré». (*Entretiens avec Xenakis*, François Delalande - Buchet/Castel, 1997). Cette image de «l'immigrant» évoque l'image nietzschéenne du «vagabond», celui qui est toujours en chemin, jamais chez lui, jamais arrivé à un but statique, à un lieu statique, à une position statique, à un statut statique…

Le compositeur en tant que «vagabond» doit réinventer constamment sa musique, ne jamais se satisfaire de ce qu'il a déjà inventé, composer chaque nouvelle œuvre comme si elle était la première, même la première composée par quelqu'un d'autre. L'impossibilité d'obtenir cette originalité absolue, cette éthique qui conduit le compositeur à ne jamais être satisfait d'une œuvre qu'il a composée, conduit au rejet de la position du compositeur en tant que maître. Le type de maîtrise que de grands compositeurs tels que Xenakis peuvent offrir aux jeunes compositeurs consiste uniquement à rejeter le fait qu'ils ont quoi que ce soit à enseigner, si ce n'est l'impossibilité d'enseigner quelque méthode ou technique musicale que ce soit sans influencer l'étudiant à aller dans une direction qui n'est pas la sienne.

Lorsque je demandai à Xenakis si je pouvais travailler avec lui, sa seule réponse fut de dire qu'il ne voulait pas m'influencer. Sur cette base, nous ne collaborâmes jamais, mais travaillâmes seulement en parallèle, lui faisant ses recherches personnelles au CEMAMu et moi recevant des compositeurs en résidence et travaillant avec des étudiants aux Ateliers UPIC, ou en discutant d'idées qui ne proposaient aucune méthode de composition particulière, mais ouvraient seulement des voies d'exploration originales et individuelles.

Dans les chapitres qui suivent, nous examinerons toutes sortes de pièges (ce que James Joyce appelait des «filets») qui rendent impossible ou du moins très difficile pour les artistes créateurs, en particulier les compositeurs, de rester fidèles à leur éthique d'originalité absolue. À la toute fin de ce livre, nous verrons de quelle manière l'éthique xénakienne de l'originalité absolue peut s'appliquer dans un monde qui fait tout pour rendre une telle éthique presque impossible.

Se libérer de l'appartenance I

Au début des années quarante, à l'époque où Xenakis vivait encore à Athènes et était étudiant à l'école polytechnique d'ingénierie, il était également actif au sein du parti communiste grec. Nous savons que le parti communiste grec joua un rôle important dans la résistance contre les nazis qui occupaient la Grèce pendant la Seconde Guerre mondiale. Les jeunes communistes pensaient naïvement que lorsque les Britanniques arriveraient en Grèce après la retraite des nazis, ils leur seraient favorables puisqu'ils étaient leurs alliés. Mais ils ignoraient que Winston Churchill et Josef Staline avaient déjà discuté et décidé de la manière dont le monde devait être divisé entre capitalistes et communistes, et en particulier quels pays d'Europe seraient des « démocraties » et lesquels feraient partie de l'Union soviétique.

Xenakis et ses amis communistes furent stupéfaits de découvrir que les Britanniques avaient l'intention d'éliminer les communistes. Alors que dans un premier temps, au printemps 1944, un gouvernement d'unité comprenant 6 ministres communistes fut mis en place, le 3 décembre 1944, moins de 2 mois après la retraite des Allemands, la police grecque ouvrit le feu sur un rassemblement procommuniste non armé, tandis que les forces britanniques restèrent en arrière-plan. 28 manifestants furent tués et 100 blessés. Par la suite, d'autres manifestations firent de nouveaux morts et de nombreux blessés. Une grève nationale fut lancée par les communistes et le commandant britannique de la Grèce déclara la loi martiale. Churchill ordonna au général Scobie, le commandant britannique, de neutraliser les gauchistes. Les communistes eux-mêmes hésitèrent à combattre les troupes britanniques, car ils attendaient des ordres de Staline qui n'arrivèrent jamais en raison de l'accord secret passé entre Staline et Churchill.

Xenakis rejoignit la résistance de gauche et fut déclaré chef politique du groupe Lord Byron, un sous-groupe d'un bataillon d'étudiants de l'armée communiste qui résistait à la prise du pouvoir par les Britanniques. Les Britanniques, ainsi que les forces armées, la police et la garde nationale grecques, tuaient et arrêtaient tous les communistes qu'ils pouvaient trouver, afin d'éliminer toute résistance de gauche, conformément à l'ordre de Churchill.

Fin décembre 1944, Xenakis faisait partie de l'un des nombreux communistes gravement blessés ou tués. Xenakis s'en sortit vivant, mais une bombe lui explosa au visage, le laissant à moitié aveugle, à moitié sourd et gravement défiguré. Bien qu'il se remît suffisamment pour obtenir son diplôme d'ingénieur à Athènes, il découvrit rapidement que non seulement les jeunes communistes avaient été trahis par leurs « alliés » britanniques, mais que les dirigeants du parti communiste grec eux-mêmes avaient également dénoncé des membres de base du parti pour ne pas subir de poursuites judiciaires. Les membres de base du parti qui avaient courageusement combattu dans la résistance contre les occupations allemande et britannique furent arrêtés, torturés et tués. Cette lâche capitulation des dirigeants communistes grecs est peut-être liée à la signature par Staline de l'accord de Yalta avec Churchill et Roosevelt. Ces tristes événements apprirent à Xenakis que la politique et la conclusion d'accords étaient bien plus puissantes que l'idéologie communiste et les idéaux élevés tels que la lutte pour la liberté.

En plus de voir briser ses anciens idéaux, Xenakis dut faire face à d'autres difficultés dans la Grèce d'après-guerre, trop nombreuses pour être décrites ici. Avec l'aide de son père fortuné,

Clearchos, Xenakis réussit à se cacher d'abord à Athènes, puis à passer clandestinement à Rome et plus tard à Paris, le tout illégalement. Xenakis entra dans un Paris appauvri en 1947, gardant intact son objectif de poursuivre la musique, bien qu'il fût très handicapé par la perte de la vision et de l'audition qu'il avait subie. C'est après cela qu'il fut engagé par Le Corbusier, tout d'abord comme ingénieur chargé de faire des calculs techniques. À cette époque, Xenakis n'avait aucun diplôme, ni en architecture ni en musique. Heureusement, il était entré en France avec son diplôme de l'Institut polytechnique d'Athènes en poche.

Les événements désastreux survenus en Grèce ne permirent pas à Xenakis de retourner dans son pays avant 1974, date à laquelle la junte fut définitivement renversée. Installé en France de 1947 jusqu'à sa mort en 2001, Xenakis ne fut plus jamais aussi actif en politique qu'il l'avait été en Grèce. Il semblerait que l'expérience traumatisante qu'il avait vécue en Grèce l'ait conduit à éviter un engagement trop actif dans la politique de son nouveau pays. Bien que Xenakis ait obtenu la nationalité française sans difficulté grâce à son mariage avec sa femme française, Françoise Xenakis, il décida de se concentrer sur son travail dans le domaine de la musique et de l'architecture plutôt que de consacrer ses efforts à un changement politique, comme il avait sans succès essayé de le faire en Grèce.

Contrairement à l'Italien Luigi Nono, qui décida d'intégrer ses convictions politiques communistes dans sa musique d'avant-garde, Xenakis a clairement séparé la musique radicale de la politique radicale. Cela ne signifie pas que Xenakis changea d'orientation politique; il vota tranquillement pour des candidats de gauche sans manifestement inclure de thèmes politiques de gauche dans ses pièces. En fait, ce n'est que dans son œuvre *Pour la Paix* pour quatre récitants, chœur mixte et bande générée par UPIC, que Xenakis utilisa un texte contre la guerre écrit par sa femme Françoise. Pendant les années qu'il passa en France après avoir échappé de justesse à la mort en Grèce, Xenakis, dans sa musique, fit référence non pas à la politique, mais aux mathématiques, à la logique et à la philosophie de la Grèce antique. Xenakis semblait beaucoup plus intéressé par Platon que par Karl Marx.

En fait, si l'on regarde les textes que Xenakis a choisi de mettre en scène dans ses œuvres pour voix solo, ou pour chœur, ou même dans ses œuvres dramatiques, pratiquement tous ont un lien avec des auteurs Grecs anciens. Xenakis se sentait comme un Grec ancien vivant à l'époque moderne. D'un certain côté, il était un compositeur d'une très grande radicalité, n'appartenant à aucune des écoles ou tendances que l'on retrouve chez les autres compositeurs de sa génération, et issu d'un milieu scientifique et mathématique plutôt que musical. Exilé et contraint de vivre dans un pays étranger où personne ne parlait sa langue, ce statut d'étranger, de solitaire, de celui qui n'appartient à aucun groupe, fut en effet le point d'origine de Xenakis en tant que compositeur en France.

Cherchant une sorte de légitimité en tant que musicien, sans aucun type de diplôme musical, Xenakis prit successivement des cours privés avec des professeurs tels que Honegger, Milhaud et Nadia Boulanger. Alors que cette dernière lui dit qu'il était trop vieux pour recevoir une instruction musicale correcte, Honegger corrigea ses quintes parallèles. Finalement, Xenakis s'inscrivit aux cours de Messiaen, qui le rassura en lui disant qu'il ferait quelque chose de complètement unique en musique et qu'il ne devait pas s'inquiéter de son manque de compétences musicales de base. Lorsque Xenakis soutint sa thèse de musique, *Arts/Sciences Alliages*, Messiaen était membre du comité.

L'originalité de la démarche de Xenakis consistant à trouver des liens entre arts et sciences, mais aussi entre mathématiques et logique, a été son chemin solitaire en France. Qu'il s'agisse du sérialisme post-wébérien de Boulez et Berio, de l'approche politique de Nono ou des orientations mystiques de Messiaen et Stockhausen, aucun de ces «vrais musiciens», à l'exception de Messiaen, n'avait d'estime pour la nouvelle approche «arts-sciences» de Xenakis, critiquée pour son caractère non musical, mathématique, trop intellectuel ou même laide. Ici et là, certains musiciens — en plus de Messiaen — se découvraient une fascination pour la musique riche et étrange de Xenakis. Le meilleur exemple est probablement Hermann Scherchen, qui fut le premier à accepter de diriger *Metastasis*, et dont l'approbation musicale fut essentielle pour que Xenakis commence à être pris au sérieux par l'establishment musical.

Xenakis renonça peut-être à être un radical politique après son expérience traumatisante en Grèce, mais il resta un radical musical qui critiqua sans crainte ce qui s'avérait être les nouvelles tendances dominantes de la musique contemporaine après la Seconde Guerre mondiale. Xenakis attaqua vigoureusement à la fois le sérialisme intégral et la nouvelle musique de John Cage orientée vers le hasard.

Xenakis fit remarquer que les compositeurs du sérialisme intégral écrivaient une polyphonie linéaire dense, mais que l'on entendait des masses sonores et que, par conséquent, seule une orientation compositionnelle prenant en considération des distributions mathématiques stochastiques — telle que celle utilisée par exemple dans la théorie cinétique des gaz développée par Ludwig Boltzmann — pouvait espérer modéliser une telle musique basée sur des masses de notes. Xenakis critiqua également les opérations de hasard de Cage, estimant que lancer des pièces était une procédure trop simple et enfantine pour modéliser le problème très sérieux des distributions probabilistes que l'on trouve dans le chaos non déterministe.

Cette tendance de Xenakis à prendre ses distances avec ceux qui, selon lui, traitaient de manière inadéquate des questions compositionnelles extrêmement sérieuses lui valut d'être le plus souvent isolé et souvent attaqué. Ce qui semblait être un désaccord purement musical s'est souvent avéré être une dispute politique très tendue. Même si l'on évitait de prendre parti sur la politique, d'être capitaliste ou communiste, le simple fait de prendre une position théorique très forte sur la direction que devait prendre la musique contemporaine n'aidait pas un compositeur à obtenir un soutien musical ou des alliés.

Après quelques années passées en France, Xenakis apprit que les arts, et en particulier la musique, n'étaient pas apolitiques. Le problème n'était pas que le sérialisme appartienne à une orientation politique ou à une autre, ou encore que l'approche probabiliste de Xenakis appartienne à une politique de droite ou de gauche, mais que le simple fait d'être en profond désaccord esthétique avec un rival musical créait déjà une animosité d'une extrême véhémence entre les protagonistes. Bien sûr, ce type de dispute véhémente entre rivaux musicaux n'était pas nouveau : rappelons-nous la haine entre les partisans de Wagner et de Brahms. Il est d'ailleurs intéressant de noter que Xenakis tenait Brahms pour son compositeur préféré.

Globalement, Xenakis apprit que décider de ne pas appartenir à la tendance musicale prédominante dans le pays où l'on vit pouvait avoir des conséquences fortement négatives pour sa carrière musicale. Cela avait conduit Varèse à quitter la France pour les États-Unis dans les années vingt. Même lorsque Varèse revint en France pour la première de *Déserts* au milieu des années cinquante, il créa un tel scandale que lui et Xenakis, qui était assis avec lui, durent s'échapper par une porte dérobée pour éviter la foule en colère.

Heureusement pour Xenakis, même s'il lui était souvent difficile d'obtenir un financement musical suffisant pour son centre de recherche relativement petit, le CEMAMu, il bénéficiait d'un soutien international croissant, notamment aux États-Unis. Au début des années soixante-dix, Xenakis fut nommé à la tête d'un nouveau centre de musique électronique à l'université d'Indiana à Bloomington. C'est là qu'il resta pendant cinq ans et qu'il commença à avoir une influence importante sur la jeune génération de compositeurs américains qui s'intéressait à la musique par ordinateur. C'est à cette époque qu'un de ses étudiants, Curtis Roads, programma la première réalisation des idées de Xenakis en matière de synthèse granulaire. Roads fonda ensuite le *Computer Music Journal* qu'il dirigea pendant quelques années, contribuant ainsi à faire connaître les travaux de Xenakis dans le domaine de la synthèse sonore.

Xenakis rentra en France en 1977 pour travailler sur l'UPIC au CEMAMu, alors qu'au même moment Pierre Boulez fondait l'Ircam et invitait de nombreuses personnalités de la musique contemporaine et de l'informatique musicale à devenir ses chefs de département. Alors que Boulez s'entourait de compositeurs célèbres tels que Luciano Berio et Jean-Claude Risset, ainsi que de nombreux instrumentistes de renom comme Pierre-Yves Artaud, Daniel Kientzy et Vinko Globokar, Xenakis se concentrait sur ses projets de recherche individuels au CEMAMu. Je pense que Xenakis rejeta la direction d'un projet de groupe important et hétérogène tel que l'Ircam, car cela l'aurait éloigné de ses propres projets musicaux dans le domaine de la musique électronique et de l'informatique, qui étaient au cœur de ses propres préoccupations théoriques et compositionnelles.

N'appartenir à aucun groupe de compositeurs partageant une même institution ou une même orientation technique ou esthétique était pour Xenakis le moyen de préserver sa propre liberté musicale. S'engager dans la politique musicale signifie souvent devoir faire des compromis et ajuster ses orientations théoriques afin de ne pas offenser ou aliéner ses alliés musicaux. Xenakis souhaitait plutôt se concentrer exclusivement sur sa propre musique et ses propres projets de recherche. Diriger le CEMAMu lui permit de se libérer d'une appartenance à un groupe musical qui l'aurait obligé à soutenir des projets et des orientations musicales auxquels il ne croyait pas.

Deux exemples survenus au cours de mes seize années de direction du CCMIX, et illustrant l'attitude de Xenakis vis-à-vis de la politique dans la musique me viennent à l'esprit. Françoise Xenakis, qui avait un grand sens de l'humour dans ses livres ainsi que dans les histoires qu'elle aimait raconter sur son mari, voulait que je sache pourquoi son mari n'était pas enclin à s'engager dans une quelconque politique musicale qui aurait permis d'aider le CCMIX à obtenir un soutien financier plus important. Elle me raconta qu'un jour Iannis avait été invité à déjeuner avec le président François Mitterrand, mais qu'il avait décliné l'offre. Lorsque sa femme lui demanda pourquoi il avait refusé cette occasion en or de rencontrer le président français, Xenakis répondit à sa femme qu'il ne déjeunait jamais.

Le second incident se produisit dans les années quatre-vingt dix, lorsque l'Ircam souhaitait inviter Xenakis à composer une pièce nécessitant l'utilisation de leurs outils de musique assistée par ordinateur. Xenakis insista pour que l'ensemble du personnel du CEMAMu et des Ateliers UPIC de l'époque soit présent lors de la journée de démonstration des logiciels de l'Ircam qui était prévue. Cette journée avait été programmée de manière à convaincre Xenakis de l'intérêt des différents outils qui étaient disponibles pour les compositeurs en résidence à cette époque. Ce jour-là, on nous montra pratiquement tous les programmes disponibles, et il y eut des démonstrations effectuées par les principaux compositeurs de l'Ircam, dont Philippe Manoury. Manoury, en particulier, voulait montrer à Xenakis comment il utilisait les chaînes de Markov, une fonction mathématique que Xenakis lui-même avait utilisée de nombreuses années auparavant dans certaines de ses œuvres des années cinquante et soixante. La réaction de Xenakis fut de ne pas réagir du tout à l'utilisation de fonctions mathématiques, mais de demander à Manoury s'il ne pouvait pas lui jouer «une pièce plus catastrophique». Inutile de dire que Xenakis ne composa finalement pas d'œuvre à l'Ircam.

Je mentionne ces deux exemples afin d'illustrer le manque d'intérêt apparent de Xenakis pour la réalisation de tout acte social ou musical qui lui semblait sans intérêt pour ses propres intérêts ou projets musicaux. Rencontrer le président de la France ne l'intéressait pas en soi, pas plus qu'une commande du plus grand et du plus important centre de musique assistée par ordinateur de France.

Quel est le lien entre la position d'outsider ou de solitaire de Xenakis et son éthique d'originalité absolue, par rapport à la communauté musicale en France ? Pour rester absolument original, il faut éviter de se laisser influencer par les autres. Nous avons déjà vu comment Xenakis voulait éviter l'influence esthétique d'autres compositeurs ainsi que l'influence d'un groupe d'étudiants ou de disciples. Il est frappant de constater que la raison pour laquelle Xenakis a décidé d'ajouter Les Ateliers UPIC comme second centre où les compositeurs iraient travailler sur l'UPIC plutôt que de les recevoir tous au CEMAMu est probablement qu'il ne voulait pas attirer une bande de fidèles qui le distrairaient de son travail.

S'il avait voulu utiliser la politique musicale comme moyen d'accroître son pouvoir ou son influence en France, le meilleur moyen aurait été de constituer autour du CEMAMu un large groupe d'imitateurs et de disciples de Xenakis. Même lorsqu'on demanda à Xenakis d'« enseigner » la musique à la Sorbonne, il n'« enseigna » que des formules mathématiques qu'il plaçait au tableau noir, à la grande perplexité de la majorité de ses élèves musiciens.

Pour rester original en tant que penseur et compositeur musical, il faut rester libre de toute politique musicale et de tout jeu de pouvoir. Le compositeur qui s'intéresse trop à la célébrité, à l'influence, au pouvoir et à la richesse prendra bientôt des décisions qui l'éloigneront de l'originalité absolue de son éthique. La politique repose sur la conclusion d'accords, d'arrangements, de compromis, sur le fait de ne pas dire de choses politiquement incorrectes, etc. Pour Xenakis, de tels compromis étaient loin d'être dans sa nature. Il prit souvent des positions dans la musique qui ne l'ont pas aidé à être accepté par ses collègues musiciens. Dénoncer l'inutilité de l'enseignement de la composition dans les conservatoires et dénoncer l'inutilité de l'analyse et de la recherche musicologiques n'était pas de nature à lui valoir le respect du monde musical académique. Même ses postes à l'université de l'Indiana et à la Sorbonne n'étaient pas en tant que de professeur de composition. D'autres titres furent inventés afin d'inclure ses innovations en matière de musique stochastique et informatique.

En tant que directeur des Ateliers UPIC/ CCMIX, il n'était pas facile, politiquement parlant, d'être associé à Xenakis, car il était à la fois extrêmement respecté, mais aussi très à part. Même si, dans la dernière partie de sa vie, il reçut certains titres et récompenses honorifiques, il resta une figure très controversée dans la vie musicale française. Un de mes étudiants qui était venu suivre les cours de notre centre me raconta que lorsqu'il avait été étudiant au CNSM de Paris et qu'il avait voulu discuter de la musique électronique de Xenakis, son professeur lui avait dit qu'ils en discuteraient après le cours. C'est en privé que le professeur dit à l'élève que s'il voulait écouter ce genre de musique, il devait le faire dans l'intimité de son foyer, mais qu'il ne devait jamais en parler en classe. Cet incident se produisit dans les années quatre-vingt dix et la réputation de Xenakis en tant que compositeur n'était pas encore universellement assurée au niveau professionnel du Conservatoire National Supérieur de Musique de Paris.

Après la mort de Xenakis en 2001, son nom commença à être considéré en France, ainsi qu'ailleurs, comme celui d'un des pères de la musique algorithmique. De son vivant, Xenakis a nié être un compositeur algorithmique et a refusé de s'associer à des institutions qui voulaient utiliser son nom pour cautionner leurs propres recherches en matière de musique algorithmique.

Nous devons expliquer pourquoi le dernier projet de musique assistée par ordinateur de Xenakis, le programme GENDYN, un programme destiné à générer des formes d'onde stochastiques, n'est pas un exemple de composition algorithmique. Dans les deux compositions de Xenakis réalisées à l'aide de ce programme, *GENDYN 3* et *S709*, ce qui est généré n'est pas une composition en tant que telle, mais une matière première que le compositeur doit utiliser ou rejeter en fonction des critères de son oreille, à savoir si les sons générés sont « intéressants » ou non. C'est au compositeur de choisir les formes d'onde stochastiques qu'il souhaite utiliser puis de créer des formes musicales pour la composition à partir de ces matières premières. Il n'y a pas d'algorithme pour composer une œuvre, pas d'intelligence artificielle qui prendrait les décisions nécessaires quant aux matériaux à conserver et à jeter, et certainement pas d'algorithme pour organiser les ondes sonores micro-formelles en une macro-forme compositionnelle. En ce sens, GENDYN laisse au compositeur la plupart des décisions importantes en matière de composition, comme le faisait également le programme UPIC. Dans ces deux outils de musique assistée par ordinateur, c'est aux capacités musicales et à l'imagination du compositeur de créer des œuvres musicales absolument originales à partir des matières premières que les programmes de musique assistée par ordinateur génèrent, au moins partiellement avec les conseils du compositeur. Même les matières premières dans UPIC et GENDYN ne sont pas générées de manière totalement automatique. C'est le devoir éthique et artistique du compositeur de décider, de faire son travail de compositeur, ce qui implique de faire et d'assumer des choix. Laisser un programme informatique choisir, c'est pour le compositeur abdiquer ses responsabilités éthiques et artistiques.

SE LIBÉRER DE L'APPARTENANCE II

Dans la quête de l'originalité absolue, les croyances et les coutumes héritées de la famille doivent être remises en question, voire abandonnées, afin de devenir un artiste absolument original. Lorsque nous sommes enfants, nos parents nous enseignent leurs propres croyances, leurs propres valeurs et essaient de faire en sorte que nous nous intégrions ou que nous appartenions à la cellule familiale.

Qu'arrive-t-il à un jeune qui perd sa mère ou son père très tôt ?

Dans le cas d'Iannis Xenakis, sa mère est morte quand il avait cinq ans. Nouritza Matossian, dans sa biographie de Xenakis, observe que l'enfant était « profondément marqué par la mort de sa mère ». Il s'est accroché aux quelques expériences qu'il avait partagées avec elle ; le cadeau d'une flûte dont les sons l'ont étonné. Qu'il y ait un lien direct ou non, nous savons que Xenakis a évité toute sa vie d'écrire des pièces pour flûte seule. Le peu d'apparitions de la flûte comme instrument important hors contexte de l'orchestre ou de l'ensemble instrumental dans l'œuvre de Xenakis se trouve principalement dans sa musique de chambre antérieure à *Metastasis*, par exemple dans *Zyia* pour soprano, flûte et piano (1951). Xenakis a dit de sa mère : «Je la sentais vivre à travers moi, elle était toujours présente et même les autres sentaient son esprit en moi. Une tante qui vivait loin à l'époque m'a raconté, bien des années plus tard, que ma mère venait la voir en rêve et lui disait : "Iannis tient mon esprit dans ses mains".» (Matossian, *Xenakis*, Moufflon Publications Ltd, 2e édition, 2005, pages 23-24)

Ce n'est qu'en 1980, lorsque Xenakis compose *Aïs* pour baryton-basse, percussion et grand orchestre, qu'il semble aborder la perte de sa mère dans sa musique. Dans cette œuvre très sombre, profonde et funèbre, le compositeur choisit de mettre en scène la partie de l'*Odyssée* où Ulysse rend visite à l'âme de sa mère morte dans l'Hadès, le pays des morts.

C'est comme si l'enfant se retrouvait avec une question sans réponse après la mort d'un parent : «Où sont-ils allés? Où sont-ils maintenant?» Si la petite flûte que Xenakis a reçue de sa mère était réellement l'âme de celle-ci, cela signifierait qu'il devrait porter son âme morte avec lui toute sa vie et qu'il ne pourrait donc jamais répondre à la question « où est-elle allée ? », car elle serait en quelque sorte toujours là, avec lui, sous la forme de la petite flûte.

Pour que l'enfant perde sa mère par la castration, qui est — selon Lacan — la manière dont le sujet devient indépendant et séparé de sa mère, il faut qu'il n'appartienne plus à cette mère. Tant que le sujet appartient à la mère, même à l'âge adulte, il ne peut jamais devenir ce qu'il est. Il restera « la chose » ou « l'objet » de la mère, ce que les psychanalystes lacaniens appellent le « phallus ». Selon Jacques Lacan, le « phallus » est l'un des objets qui causent le désir, ce qu'il appelle l'objet « a ». Dans cette perspective, la petite flûte que la mère de Xenakis lui tend représente ce qui voile son absence, son manque de présence. Le voyage de Xenakis-Odysseus pour trouver l'ombre ou l'âme de sa mère dans *Aïs* est effectué pour se rassurer symboliquement qu'elle est vraiment partie, qu'elle est vraiment morte, et que la petite flûte qu'on lui a donnée n'était pas son âme. Il serait sinon obligé de porter partout avec lui l'âme de sa mère morte, c'est-à-dire qu'il ne pourrait jamais la perdre. Cela rendrait impossibles le deuil de sa perte et la capacité à être un artiste absolument libre et original.

Pour devenir un artiste absolument original, il ne faut appartenir à personne, et certainement pas à sa défunte mère. Pour que Xenakis puisse atteindre son idéal d'originalité absolue, il dut se défaire de toute appartenance encombrante. Au moment où il doit quitter la Grèce et refaire sa vie en France, il perd d'emblée tout espoir d'appartenir à une Grèce idéale où il aurait pu avoir sa place comme l'un des jeunes politiciens les plus importants de la gauche.

Il perd également son père, qui doit répondre des accusations portées contre son fils en tant que gauchiste «criminel». Xenakis perd également sa langue grecque et toute chance d'appartenir à la vie grecque en tant que compositeur de premier plan.

Lorsque Xenakis entre à Paris le 11 novembre 1947, jour de l'Armistice, il n'a apporté de sa vie antérieure que son diplôme grec d'ingénieur et la terrible cicatrice sur son visage qu'il portera toute sa vie.

En 1948, il écrit une lettre assez puissante et très sombre à son ancien directeur d'école britannique et ami, Noël Paton. Ci-dessous se trouvent des extraits du brouillon de la lettre écrite par Xenakis le 14 février 1948 (citée par Matossian, *Xenakis*, Moufflon Publications Ltd., 2e édition, 2005, pages 42-43) :

Ici, je n'ai pas arrangé ma vie/Beaucoup de choses se sont brisées quand j'ai quitté Athènes/J'étais à moitié un vieil homme/Enthousiasmes, espoirs, tout était mort, il me semblait que la vie ne pouvait me donner aucune joie/Aucune joie créative/J'espérais toujours que Paris m'aide, pousse un peu mon cœur, mais suis continuellement déçu de mes capacités et de la possibilité de faire quelque chose qui vaille la peine d'être vécu/Je m'ennuie vraiment de la vie et de moi-même/

Dépressions périodiques et pathologiques/Persister par le raisonnement et la nature dans des idées politiques et philosophiques, mais ni l'art ni les croyances n'enchantent mon égo/Travailler dans un emploi qui ne m'attire pas entièrement/S'efforcer dans la musique qui me remplit de l'agonie la plus amère parce que chaque jour je découvre combien j'étais plein d'illusions/

Je n'ai pas de vrais amis pour m'aider à raisonner correctement/

Je ne veux pas vivre mécaniquement/Le rythme et la discipline de la routine tuent la beauté et le bonheur/

Tu me dis de rire et de ne pas prendre les choses au sérieux/Tu es pire que moi/Je te défie/Pourquoi tu ne te tues pas ?/

> *Je t'admirais autrefois/Mais tu as peut-être raison/C'est une chose que je dois apprendre/L'avenir me dira le secret/*
>
> *Pourtant, quand j'ai été blessé par ce mortier béni et étendu en sang sur un banc incapable de voir, j'étais déterminé à mettre fin à ma vie au cas où je deviendrais aveugle/Je l'ai ressenti et j'ai pensé que c'était une nécessité/ Maintenant, je suis déterminé à le faire quand je serai sûr de la médiocrité de ma vie créative/*
>
> *Ce sera ma dernière et probablement ma première vraie création/*

Ne pas appartenir à quelqu'un, à quelque chose ou à un lieu autre que les œuvres d'art que l'on doit écrire, c'est tout ce qu'il y a à faire lorsqu'il ne peut y avoir d'appartenance à la famille, aux amis ou au pays, comme l'a découvert Xenakis. Enfin, si l'on échoue à cela, le suicide est le seul remède. Mieux vaut mourir que d'être un artiste médiocre comme l'indique la lettre de Xenakis. Si l'on n'atteint pas l'originalité absolue qui implique le plus haut niveau de créativité et le plus haut niveau d'invention, il n'y a aucune raison de vivre. Pour Xenakis, tout est perdu pour créer, et, si l'on est incapable de créer, tout est perdu.

Xenakis n'excluait néanmoins pas de ses possibilités une certaine forme d'amour libre et de vie de famille libre. Son mariage de 53 ans avec Françoise Xenakis et la naissance de sa fille Mâkhi ont contribué à créer une existence stable, mais libre. À la question « pourquoi composez-vous ? », Xenakis répondit « pour être moins malheureux ». Peut-être aurait-il pu donner la même réponse à la question de savoir pourquoi il faut se marier ou avoir un enfant ?

Lorsque je me suis installé en France en septembre 1991, c'était pour diriger Les Ateliers UPIC, un centre fondé en 1986 pour promouvoir le système UPIC de Xenakis. Peu après mon arrivée, Xenakis organisa une réunion au CEMAMu avec ses ingénieurs, lui et moi. Il commença la réunion en me disant : « Bienvenue dans la famille du CEMAMu ! » Je fus assez frappé par cette phrase, car elle impliquait que Les Ateliers UPIC étaient ce que l'on appelle en français une « association sœur » du CEMAMu. En français, l'association sœur implique un objectif commun ou un autre lien étroit. Si je devais être membre de la famille CEMAMu, cela impliquait-il que Xenakis était le père de cette famille et que tous ceux qui travaillaient avec lui étaient en quelque sorte ses enfants ? Cela semblait être le cas pour les ingénieurs qu'il appelait avec une certaine affection et un certain humour « les petits ». L'utilisation de ce terme n'implique en aucun cas un quelconque mépris, car la façon dont Xenakis dirigeait les ingénieurs était résolument un style « sans intervention », dans lequel il leur accordait une confiance totale et leur permettait de prendre toutes les décisions de façon autonome. Lorsque j'arrivais en septembre 1991, la nouvelle version de l'UPIC avait été presque entièrement conçue et développée sans que Xenakis ne formulât de demande ou de critique particulière aux ingénieurs. C'était presque comme s'il ne voulait pas influencer leur travail, qu'il voulait leur accorder une totale confiance.

Pendant que les ingénieurs travaillaient sur la nouvelle version de l'UPIC, Xenakis avait travaillé en parallèle sur son nouveau programme GENDYN. L'une des premières pièces que j'entendis à mon arrivée à Paris était sa nouvelle pièce électronique appelée *GENDY 3*. C'était l'une des œuvres les plus originales et les plus libres que j'aie jamais entendues, véritablement nouvelle et fraîche.

Pendant tout le temps où je travaillais pour Xenakis, il ne me donna jamais de directives ou de critiques. J'étais inquiet à ce sujet, me demandant ce qu'il pouvait bien penser puisqu'il ne me disait rien. J'organisais un rendez-vous et lui demandais de me faire part avec franchise de toutes les critiques qu'il pourrait formuler. Sa seule réponse fut de me dire : «Vous êtes l'homme qu'il faut pour le poste qu'il faut».

Il me semble que la façon dont Xenakis gérait les ingénieurs du CEMAMu et moi-même en tant que directeur des Ateliers UPIC était de ne pas vouloir interférer pendant que les autres faisaient leur travail. Il respectait le fait que chaque individu devait essayer de trouver sa propre façon de faire le meilleur travail possible, d'une manière qui soit absolument unique à cette personne. Il refusait le rôle du maître qui est censé savoir mieux que ses employés. Nous retrouvons ici ce qui est lié à son éthique de l'originalité absolue, à savoir que, même lorsque des personnes travaillent ensemble sur des projets communs, il faut laisser à chaque individu une liberté de choix qui est indépendante de son appartenance à une certaine association, ou comme dans le cas du CEMAMu et des Ateliers UPIC, à deux associations interconnectées ou liées entre elles.

Françoise Xenakis, en parlant de son mariage avec Xenakis, a décrit comment, pendant de nombreuses années, chaque membre du couple a soutenu le travail de l'autre, sans essayer de l'influencer d'une quelconque manière. L'important pour chacun d'entre eux était de se donner les meilleures conditions de vie pour que chacun puisse faire son meilleur travail, mais sans critiquer ni influencer.

Dans les relations que j'ai pu observer entre Xenakis et les ingénieurs du CEMAMu et les employés des Ateliers UPIC, il me semble que la même attitude respectueuse, solidaire et non critique était présente dans la vie familiale de Xenakis ainsi que dans ses relations professionnelles. C'est peut-être pour cette raison qu'il m'a accueilli dans la famille CEMAMu, car sa conception de la famille n'était pas celle du Père-Maître, mais celle d'un chef de famille bienveillant qui soutient et encourage les autres membres à faire leur travail individuel.

Par conséquent, ce qui doit être libéré de l'attachement dans le cas de l'artiste absolument original n'est pas nécessairement toute connexion ou relation humaine, mais seulement celles qui créent des pièges pour l'artiste, ce que James Joyce appelait des « filets ». Ces « filets » peuvent être la religion, les pressions familiales et les pressions sociétales. Xenakis a toujours été athée, n'a jamais été membre de l'Église orthodoxe grecque ni d'aucune autre religion organisée. Comme nous l'avons vu, sa conception de la famille était celle de plusieurs individus libres vivant ou travaillant sous un toit commun. En tant que vrai communiste, longtemps après avoir cessé de croire au mythe marxiste, son idée de la vie en communauté était celle d'une vie sans chef autoritaire qui imposerait aux autres sa propre façon de penser ou de faire les choses. Le leader xénakien est peut-être le plus proche des idéaux exprimés dans la « République » de Platon, qui est celle du despote éclairé. Le despote éclairé n'est pas un démocrate, il se soucie peu de l'opinion des autres, mais il n'est pas un dictateur. Comme Xenakis, qui ne se souciait pas de savoir si les gens trouvaient sa musique belle ou non, ou s'ils étaient d'accord avec ses idées de composition. Il s'en tenait à ses propres idées, à sa propre créativité, ne se laissait pas influencer par les idées des autres, et n'essayait pas de convaincre les autres de suivre ses idées, de l'imiter ou d'être influencé par lui.

Ce qui n'était pas despotique dans ses relations avec moi ou avec ceux avec qui je travaillais, c'est qu'il m'a toujours laissé faire mes propres choix. Par exemple, lorsque j'ai voulu enseigner d'autres programmes que l'UPIC et discuter d'autres approches de la composition que la sienne, il ne s'est pas plaint, même lorsqu'il s'agissait d'un compositeur qu'il avait lui-même critiqué (John Cage) ou avec lequel il n'avait pas eu les relations les plus cordiales (Karlheinz Stockhausen).

Se libérer des filets de l'opinion locale, de l'opinion personnelle, des opinions ou préférences familiales, des langues locales, des goûts locaux, des croyances locales fait partie de l'ouverture de l'esprit aux choses les plus élevées, à la créativité et à l'originalité absolues qui découlent d'une ouverture au grand Tout, c'est-à-dire à toute la connaissance, à tout ce qui est, à tout ce qui a été et à tout ce qui peut être. Les filets sont ce qui maintient nos esprits petits et limités, ce qui nous maintient attachés à ce que l'on nous a appris comme étant bien ou mal, beau ou laid, musique ou bruit, intéressant ou inintéressant... Il est très facile, par désir d'appartenance à un groupe, une religion, une famille ou même au groupe qui définit ses propres préjugés, de se mentir à soi-même, de mentir aux autres, de compromettre ce que l'on sait être vrai, mais que l'on a peur de dire... Tous ces filets nous permettent de tomber dans une médiocrité facile.

Souvent, on nous dit de nous conformer : penser, noter, composer comme les autres, ne pas être difficile, ne pas causer d'ennuis, se taire, parler correctement, ne froisser personne. Toutes ces choses nous piègent dans les filets pour être comme les autres. Il est très difficile d'être Autre, de ne pas correspondre, de ne pas appartenir…

Mes rencontres amicales avec Xenakis ne m'ont jamais amené à ressentir son amitié, c'était impossible. Je suis sorti de ma relation avec lui avec le sentiment que sa solitude était semblable à la mienne. Je savais grâce à ma propre expérience ce que signifie ressentir que l'on n'est à sa place nulle part, que l'on n'appartient à rien, qu'on ne peut jamais être à l'aise — même avec soi-même — parce qu'il faut toujours être prêt à couper tous les filets, à recommencer de zéro, sans être sûr de rien, sans jamais posséder une maîtrise assurée, toujours devant la page blanche…

Les «filets» de James Joyce étaient ceux d'un Irlandais catholique romain qui ressentait le besoin de quitter sa religion et son pays, de ne pas écrire comme les autres, de repousser les limites de la créativité aussi loin qu'elles pourraient aller. Iannis Xenakis était un Grec athée, qui n'a jamais cru à la religion officielle de son pays. Il dut quitter le pays qui avait failli le tuer pour venir dans un nouveau pays dont il n'était pas diplômé, dont il ne pourrait jamais parler la langue sans accent. Il me dit que malgré toutes les années qu'il avait passé en France, il était toujours pour les Français ce « compositeur grec ».

Se débarrasser de toutes ses anciennes « possessions » ne garantit pas du tout que vous aurez votre place ailleurs. Si vous êtes vraiment un artiste qui n'appartient qu'à son art, vous serez certainement toujours un « immigrant », c'est-à-dire quelqu'un qui erre d'un pays à l'autre, en essayant de trouver un endroit où votre art pourra être joué, entendu…

L'appartenance soustraite de l'appartenance, soustraite de l'appartenance, soustraite de… C'est ce que Samuel Beckett appelait « Lessness », c'est-à-dire le processus continu de distillation de soi : soustraire l'appartenance et soustraire l'appartenance… jusqu'à ce que ?

SE LIBÉRER D'UNE TROP GRANDE COMPRÉHENSION

Quoi de pire pour quelqu'un qui tente de trouver une fusion entre les arts et les sciences que d'être sûr dès le départ qu'il sait ce que pourrait être cette fusion sans ne l'avoir même jamais testée ou essayée? Comment savoir si les arts-sciences sont un concept cohérent? Comment pourrions-nous savoir si ce que propose ce concept est vrai dans le contexte de la musique? Dans le cadre de la notion d'arts-sciences, qu'est-ce que la «vérité musicale»?

La science elle-même repose sur l'idée de tester des hypothèses, c'est-à-dire de tester des suppositions éclairées, ou ce que l'on appelle plus communément des «théories» sur «ce qui est». Les théories scientifiques ont tenté de remplacer ce qu'on appelait autrefois l'ontologie en philosophie, c'est-à-dire l'étude de l'Être, de ce qui est. La méthode scientifique évite les méthodes de la philosophie, car elle considère que nous ne pouvons savoir «ce qui est vrai» qu'en le soumettant à un test quantifiable.

La question métaphysique de « ce qui est » a été remplacée par la question de l'exactitude ou de l'inexactitude des hypothèses scientifiques. L'être est devenu un mot vide, une généralité vide, maintenant testé par une myriade d'énoncés individuels de vérités qui prennent la forme de : « si l'hypothèse A est vraie, alors nous devrions observer a, b, c qui sont les implications logiques directes, scientifiquement parlant, de A ».

Est-ce cela qu'Iannis Xenakis avait en tête lorsqu'il commença à développer ses notions sur les Arts-Sciences ? La musique, du fait de l'utilisation de fonctions mathématiques, allait-elle devenir une des sciences en raison de cette nouvelle intégration du calcul et de la logique dans la composition musicale ? Les idées développées par Xenakis dans *Musiques formelles* peuvent-elles faire l'objet d'une vérification « scientifique » ? Si ce n'est pas le cas, pourquoi ? Qu'est-ce que cela implique sur la notion même de viabilité de la fusion des arts musicaux avec les sciences ?

Tout d'abord, il faut savoir que *Musiques formelles* est un livre qui décrit comment un compositeur, l'un des tout premiers à le faire, tente d'utiliser des fonctions mathématiques pour modéliser le comportement des sons musicaux, d'abord comme une structure « hors du temps », puis comme une forme « dans le temps ».

Essayons de suivre la logique de Xenakis pour voir comment il est arrivé à ses idées sur la forme musicale. Tout d'abord, il commence par sa célèbre critique de la musique sérielle. Si cela ne constituait pas son point de départ, le reste ne pourrait pas suivre. Dans *Metastasis*, malgré l'utilisation de progressions géométriques comme moyen de calcul des transformations continues de la hauteur et de la durée, des séquences sérielles de hauteurs sont toujours utilisées. Ce n'est qu'à partir de la deuxième œuvre majeure de Xenakis, *Pithoprakta*, que le sérialisme disparaît définitivement de ses méthodes.

La célèbre critique du sérialisme par Xenakis selon laquelle ce qui est composé est constitué de nombreux fils de polyphonie linéaire, mais ce qui est entendu est constitué de masses de sons, peut déjà être considérée comme une critique de Xenakis à l'égard de lui-même. Il ne se contente pas de critiquer les compositeurs sériels intégraux ; implicitement, il critique également son propre manque de rigueur dans *Metastasis*, lorsqu'il combine des techniques de composition entièrement nouvelles avec des techniques préexistantes. Il y a une incohérence logique à combiner la nouvelle musique du continuum qui implique la progression géométrique des masses sonores avec l'ancienne polyphonie sérielle-linéaire. Xenakis sait cela, mais n'adresse pas sa critique de la musique sérielle contre lui-même, ou du moins pas directement.

Au début de *Musiques formelles*, Xenakis avertit les compositeurs qu'il est nécessaire d'être conscient des implications logiques de leur choix de méthodes de composition. La plupart des compositeurs travaillent de manière totalement intuitive et n'examinent jamais leur propre processus de manière rigoureuse, autocritique et totalement consciente, afin de déterminer si leur pensée est logiquement cohérente et complètement réfléchie en tant que raisonnement.

Bien sûr, à l'époque romantique, la musique était conçue comme provenant principalement des émotions, des croyances profondes, de l'âme de l'artiste. Personne n'attendait des compositeurs qu'ils soient « logiques ». Ce n'est bien sûr pas tout à fait vrai, ce qui a donné lieu à des conflits entre les romantiques dits « classiques », comme Brahms, et ceux que l'on pourrait appeler, comme Nietzsche, les romantiques « dionysiaques », tels que Wagner et ses disciples.

Comme je l'ai mentionné précédemment, Xenakis admirait Brahms. Xenakis appelle sa propre esthétique celle du « feu froid ». Il doit y avoir du « feu » parce que Xenakis reconnaît qu'une partie de l'inspiration musicale se situe au-delà de la logique et du calcul, mais la logique et le calcul « froids » doivent aussi être présents, si le compositeur doit travailler de manière consciente et autocritique. Cela explique les critiques acerbes de Xenakis à l'égard de ce qu'il considérait comme de la « musique naïve », par exemple la musique de Cage, dans laquelle une pratique compositionnelle qui tente d'éliminer le goût de l'égo par des opérations de hasard (pour des raisons plutôt spirituelles) se substitue à une autocritique rigoureuse de cette manière d'approcher le hasard et à une évaluation des résultats musicaux de cette méthodologie.

Pour Xenakis, le risque est toujours de ne pas aller assez loin dans son raisonnement autocritique. En ce qui concerne le sérialisme, Xenakis déclara qu'il était intéressant dans la mesure où il utilisait des ensembles de hauteurs, de durées, etc., mais qu'il n'allait pas assez loin. Lorsque Xenakis développa sa théorie et sa pratique des cribles, sa façon de concevoir des échelles qui ne se répètent pas à l'octave, il souhaitait pousser plus loin le sérialisme et le libérer du vieil académisme qu'il y trouvait. Il essayait d'appliquer les règles de la polyphonie baroque à un nouveau matériau basé sur le son et non sur les notes.

Pour Xenakis, contrairement à Schoenberg ou même Boulez, la nécessité de relier la nouvelle musique à l'ancienne en la rattachant à la tradition pour la justifier n'était pas cruciale, et même indésirable. Contrairement à la deuxième école viennoise de Schoenberg, qui se rattache de manière évidente à la tradition de la musique classique par l'intermédiaire de Mozart et Brahms, Xenakis voulait que la nouvelle musique sonore rompe avec la tradition classique des notes, car il croyait en une nouvelle musique de masses sonores qui pourrait naître ex nihilo, c'est-à-dire à partir de rien.

En 1992, pour le 70e anniversaire de Xenakis, j'écrivis une pièce d'hommage *X<->Stasis* et sous-titrée *Hommage à Xenakis : Entre l'éternel et l'inconnu.* Quand je lui montrai cette partition, il ne fut pas content et me dit : «Toujours les dinosaures!». Il était mécontent parce que je lui avais dit ne pas penser que sa musique sortait de nulle part, que ce qui était éternel dans sa musique était son souci de la forme musicale — ce qui le reliait à Brahms —, et qu'il était tout à fait original dans la mesure où il recherchait toujours la variable inconnue, le «X». Bien que je lui disais cela comme un compliment, je compris pourquoi il le prit comme une critique, car je lui disais que sa musique n'était pas en rupture totale avec le passé, mais une continuation de la tradition, même sous une forme radicalement nouvelle.

Comment un compositeur peut-il complètement rompre avec le passé? Existe-t-il un moyen de composer de la musique classique contemporaine sans aucune référence à la tradition? Si même un compositeur aussi radical que Xenakis est lié aux traditions classiques de Brahms, y a-t-il la moindre chance d'une musique véritablement nouvelle?

Je suppose que là réside l'attrait de notre époque pour la composition par intelligence artificielle, car nous compositeurs avons renoncé à avoir suffisamment d'imagination pour proposer une musique véritablement nouvelle dans cette ère de la musique post-post-moderne. Peut-être imaginons-nous que notre dernière chance pour la nouvelle musique se trouve dans les machines à intelligence artificielle? Peut-être que, n'ayant ni notre mémoire ni notre goût pour la musique du passé, les robots seront capables de générer une musique véritablement nouvelle? Lorsque Xenakis aspirait à une nouvelle musique ex nihilo, c'est-à-dire une musique qui romprait avec la musique du passé, dans sa recherche d'« automates musicaux », pensait-il à l'I.A.?

Si l'on observe la musique de Xenakis dans les années quatre-vingt et quatre-vingt dix, on constate qu'il revient à ses premières préoccupations concernant les fonctions mathématiques stochastiques, cette fois dans le cadre de la synthèse sonore. Xenakis n'accepta jamais l'analyse de Fourier et la synthèse du son avec un ton fondamental et ses partiels harmoniques. Pour lui, les grains de Gabor étaient le moyen d'analyser et de synthétiser le son.

Xenakis, bien qu'il fût grec, rejetait complètement toute théorie pythagoricienne de la musique, basée sur les relations de ratio qui sont liées aux intervalles harmoniques et aux intervalles dits inharmoniques. C'est au niveau de l'harmonie que Xenakis rompt totalement avec la tradition. Si nous regardons les toutes dernières pièces pour grand orchestre de Xenakis, en particulier celles des années quatre-vingt dix, il n'y a aucune pensée spectrale dans la conception des clusters massifs qu'il emploie. Ces clusters sont des accords de couleur et les intervalles verticaux utilisés par Xenakis dans ses accords proviennent de ses cribles appliqués verticalement et horizontalement, et non d'une analyse spectrale du son comme le font les compositeurs spectralistes français. Xenakis rejette toute théorie du son qui considèrerait comme « naturelle » une relation harmonique consonante entre les intervalles.

Étant donné que Xenakis pense que le son est formé de milliers de minuscules grains de micro-sons qui forment des masses pour produire des sons plus importants, sa conception de l'harmonie ne peut se fonder sur le fait qu'un son pourrait représenter une fréquence fondamentale pour un spectre de partiels. Le point de vue de Xenakis sur la structure du son ne pourra jamais être une justification de la tonalité comme peut l'être l'analyse de Fourier, où l'on trouve dans la musique tonale des relations d'intervalles similaires dans un spectre et dans un accord.

La théorie des arts-sciences peut donc être utilisée pour justifier différentes théories du son. Si l'on veut justifier la tonalité et l'harmonie traditionnelle, les intervalles « justes » pythagoriciens et l'analyse spectrale des sons individuels finiront par justifier la pratique mélodique et harmonique tonale traditionnelle, car nous retrouverons inévitablement les mêmes intervalles dans nos théories du son et dans nos théories tonales traditionnelles de la mélodie et de l'harmonie.

Xenakis rejette Pythagore et ses rapports harmoniques au profit de micro-intervalles non tempérés et sans importance verticale, échelles théorisées dans la musique grecque antique par Aristoxène, que l'on retrouve dans la musique byzantine. Ceux-ci deviennent des « grains d'intervalles » élémentaires à combiner pour former des clusters. La musique de Xenakis ne contient pas de spectres, seulement des sons uniques, des clusters et des bruits. Comme dans la musique sérielle, la musique de Xenakis possède une harmonie qui est le résultat de relations fortuites créées en créant des clusters verticaux de relations horizontales d'intervalles.

La théorie de l'harmonie basée sur la structure du son que nous offre la musique spectrale et la structure cluster-granulaire du son qui est l'hypothèse de Xenakis, peuvent toutes les deux être « correctes » selon le type de musique que l'on veut composer. Chacune de ces approches peut être considérée comme analogue à la célèbre distinction « onde-particule » que l'on trouve en physique quantique. Il est possible de décrire un atome comme une particule ou comme une onde. Certaines théories récentes de la physique suggèrent que les atomes se comportent parfois comme des particules et parfois comme des ondes. Certaines autres théories de la physique proposent même que les atomes se comportent simultanément comme des particules et comme des ondes.

Si nous appliquons cette dichotomie onde-particule à notre théorie de l'harmonie, lorsque les atomes sonores se comportent comme des ondes, nous obtenons la théorie de Fourier, c'est-à-dire la théorie de la synthèse additive, dans laquelle de nombreuses ondes sinusoïdales élémentaires se combinent en relations harmoniques pour former un timbre riche. Lorsque les atomes sonores se comportent comme des particules, nous sommes dans la théorie de Gabor, dans laquelle plusieurs milliers de grains d'ondes élémentaires se combinent pour créer un riche amas sonore. Les relations entre les grains ne sont pas harmoniques. Chaque grain est une entité rythmique pulsée qui fusionne avec tous les autres grains en une masse de sons trop vaste pour être perçue comme des entités individuelles.

Chacune de ces théories est correcte, mais l'une rend compte de l'harmonie spectrale en tant que telle, tandis que l'autre rend compte des pulsations rythmiques que l'on trouve dans les masses sonores. Dans ma propre musique, j'utilise les deux approches à la fois, car je veux que ma musique soit multidimensionnelle, c'est-à-dire très riche horizontalement et verticalement, dans les dimensions de fréquence, d'intensité, de timbre, d'espace-temps, d'harmonie et de texture.

Lorsque nous utilisons des concepts xénakiens tels que les arts-sciences, nous ne sommes pas obligés de le suivre dans la pratique, même si nous trouvons un certain mérite à ses théories. Nous pouvons critiquer ce que ses idées et théories ne parviennent pas à expliquer ou à couvrir dans la pratique compositionnelle. Pour être tout à fait cohérents et logiques dans nos propres musiques, nous devons rejeter ce qui nous semble manquer chez les compositeurs que nous admirons le plus.

Si nous ne sommes pas absolument critiques de la pratique des maîtres compositeurs, nous risquons de suivre le discours de l'université, comme l'appellerait Lacan, c'est-à-dire que nous devenons de simples suiveurs académiques ou des disciples de maîtres. En fin de compte, que les compositeurs se donnent ou non l'illusion d'être des scientifiques ou des mathématiciens, le plus important dans l'analyse de la méthode compositionnelle de Xenakis est la capacité du compositeur à prendre du recul par rapport à ce qu'il fait et à voir les failles cachées dans ses méthodes et sa logique compositionnelles.

Non seulement les compositeurs ne doivent pas tomber amoureux de la musique des maîtres compositeurs, mais ils ne doivent pas non plus trop aimer leur propre musique. L'amour ayant tendance à être sourd, muet et aveugle dans sa relation envers l'objet de son amour, le compositeur peut se trouver dans l'impossibilité de regarder et d'écouter froidement sa propre musique. Il faut être prêt à jeter ce qui est fatalement défectueux dans sa musique, même si on l'aime beaucoup.

On peut aussi aimer avec excès l'idée d'être trop cohérent, trop logique, trop parfait dans sa compréhension de sa propre musique. Trop comprendre la musique peut aussi être un défaut fatal. Si Xenakis a abandonné ses premières procédures, calculées de façon extrêmement précise, qui figurent dans les pièces *ST*, c'est sans doute parce qu'il les trouvait trop rigides, trop rigoureuses, trop logiques, obéissant trop à leurs propres règles. Leur défaut fatal était d'être trop parfaites. Le livre *Musiques formelles* n'est qu'un plan, une tentative de formalisation des procédures de composition. Plus Xenakis composait, plus il apprenait à enfreindre ses propres règles. On ne peut pas écrire, même pour une seule composition, un ensemble de règles que l'on est obligé de respecter. Il faut toujours enfreindre les règles que l'on a créées pour ne pas être esclave de sa propre manie de l'autoconsistance, de la pensée logique et de la technique de composition parfaite.

Bien qu'aucune pièce ne puisse être du « feu pur », si le feu devient trop froid, il risque de s'éteindre. L'invention et l'originalité absolue ne peuvent continuer à se développer que dans un environnement suffisamment libre de contraintes et de règles préétablies. Les grands maîtres compositeurs ont toujours su à quel moment rejeter leurs règles, même s'ils risquaient d'être critiqués par les académiciens d'être trop sauvages, trop fous, trop libres…

S'il est sans doute important, parfois, de savoir exactement ce que l'on fait, de pouvoir le verbaliser, voire de l'écrire, pour être libre de ne pas trop comprendre ce que l'on fait, il faut aussi risquer, parfois, de ne pas savoir ce que l'on fait…

Se libérer de la liberté

La musique peut-elle être trop libre? Que signifie qu'un morceau de musique soit critiqué pour être trop original ou trop libre? Il ne fait aucun doute que ceux qui formulent de telles critiques estiment que le compositeur ignore les règles d'une bonne écriture musicale ou, s'il n'est pas ignorant, qu'il ne respecte pas ou n'obéit pas suffisamment aux règles qui lui ont été enseignées. En d'autres termes, le compositeur qui enfreint les règles est accusé d'être soit un amateur, soit un mauvais élève.

Dans le cas de Xenakis, à différents moments de sa carrière, il fut accusé des deux. Violemment accusé parfois d'être un amateur incapable d'entendre («d'être sourd»), et parfois, lorsqu'il était l'élève d'un professeur très strict et traditionnel comme Honegger — et qu'il enfreignait les règles de l'écriture musicale en écrivant, par exemple, des quintes parallèles — d'être un mauvais élève. Même lorsque Xenakis se défendit en disant : «J'aime les quintes parallèles», son professeur raya en rouge toutes les quintes parallèles de l'une des premières œuvres pour piano de Xenakis.

L'attitude d'Honegger, en ignorant le fait que son élève ait dit apprécier les sons interdits des quintes parallèles, revenait à lui dire : « aucun plaisir de la transgression des règles musicales n'est autorisé ». Bien sûr, au milieu du XXe siècle, Xenakis n'était pas, tant s'en faut, le seul compositeur qui s'amusait à briser les règles de l'écriture musicale.

Déjà dans les années vingt, il y avait de nombreux compositeurs « mauvais garçons », qui aimaient les dissonances interdites, ou pire encore, les bruits interdits. Des compositeurs comme Edgard Varèse avec sa pièce « entièrement bruiteuse » *Ionisation*, George Antheil avec son *Ballet mécanique* et ses bruits de machines, Henry Cowell avec ses clusters et autres bruits à l'intérieur du piano, tous créaient non seulement des dissonances interdites, mais s'interrogeaient plus fondamentalement sur ce qu'était un son musical par opposition à un bruit.

Si ces expérimentations « sauvages » étaient à peine acceptables dans les « années folles » des États-Unis, des pays plus conservateurs comme la France ne voulaient pas en entendre parler. L'atmosphère musicale conservatrice de la France ne trouva guère de mérite à des compositeurs comme Varèse, qui fut exclu de la Schola Cantorum. Varèse rendit hommage à la nouvelle liberté qu'il avait trouvée aux États-Unis en intitulant sa première grande pièce pour orchestre *Amériques* et en prenant la nationalité américaine.

Si Xenakis fuit la Grèce après l'installation d'un gouvernement de droite par les Britanniques, espérant trouver la liberté en France, il ne trouva pas si facilement la liberté musicale, si ce n'est par la permission que lui donna son professeur Messiaen de ne pas accepter d'être écrasé par les règles traditionnelles de l'écriture musicale, ce qui aurait impliqué de retourner étudier les matières les plus élémentaires du conservatoire. Lorsque Messiaen encouragea son jeune étudiant grec à ne pas s'inquiéter de son manque d'éducation musicale traditionnelle, en lui prédisant qu'il contribuerait à la musique d'une autre manière, par son originalité, il offrit en fait à Xenakis un « laissez-passer » exceptionnel lui permettant de ne pas suivre les règles normales de l'éducation et de l'écriture musicale française.

C'est ici que nous voyons comment, bien que la France soit en majorité une société conservatrice et soumise aux règles, il existe toujours la possibilité libératrice d'y contourner «exceptionnellement» les règles. C'est ainsi que les Français parviennent à produire de grands génies ici et là. Si beaucoup se sentent obligés de suivre les règles de la «bonne écriture musicale», la France compte aussi des musiciens qui créent leurs propres règles d'écriture musicale.

Des compositeurs tels que Berlioz, Debussy et Messiaen sont de véritables iconoclastes. Leur apparition est sans précédent et ils ne laissent pas de disciples. Ils semblent sortir de nulle part et disparaissent aussi mystérieusement qu'ils sont apparus. De ce point de vue, si nous ajoutons Varèse à cette liste, en le plaçant entre Debussy et Messiaen, malgré le fait qu'il ait pris la nationalité américaine, nous pouvons également ajouter Xenakis à la liste. Xenakis, bien que né grec, a été naturalisé français, ce qui nous permet de l'ajouter à la liste des Français transgresseurs de règles, qui prirent l'initiative d'établir leurs propres règles pour écrire leur musique et qui subirent les foudres des compositeurs et des critiques français plus traditionnels en conséquence de leurs transgressions musicales.

En 1989, alors que Xenakis était en visite aux États-Unis en tant qu'invité du festival *TWICE* que je dirigeais à l'époque, nous eurent plusieurs discussions sur sa musique et sur la mienne. Il me demanda ce que j'avais l'intention d'écrire ensuite ou quelle direction prenait ma musique. Je lui dis que je n'étais pas sûr, que je cherchais toujours de nouvelles directions. Il me dit de ne pas être trop rigide quant à ce que je pourrais faire ensuite, que ce ne devait pas nécessairement être nouveau. Cela me surprit un peu, car j'avais toujours pensé que Xenakis n'acceptait que ce qui était « nouveau » dans sa propre musique. Mi-blagueur, mi-sérieux, je lui dis : « J'imagine que vous allez mettre un accord majeur dans votre prochain morceau ? ». Il me sourit et me dit : « Sait-on jamais ? ». J'étais loin de me douter qu'en composant pour Harry Sparnaay une sorte de concerto pour clarinette basse intitulé *Échange* en 1989, il ferait apparaître un accord majeur dans ce morceau, sorti apparemment de nulle part !

Lorsque j'entendis ce morceau, plusieurs mois après ma conversation avec Xenakis, je ne fus pas sûr du fait qu'il ait déjà composé le morceau au moment où nous en avions parlé, ou si celui-ci était ultérieur à ma conversation avec lui. Quoi qu'il en soit, cela fit naître en moi l'idée selon laquelle l'obligation d'être toujours radicalement nouveau et « libre » peut aussi se transformer en une sorte d'auto-esclavage. Lors de son séjour dans le Michigan pour le festival *TWICE*, Xenakis donna une conférence sur sa musique à l'université du Michigan à Ann Arbor. Dans un moment très poignant, Xenakis déclara aux étudiants et aux professeurs de l'université : « J'avais l'habitude d'inventer, maintenant je n'invente plus ».

Si, à l'époque, je ressentis une certaine tristesse lorsqu'il dit cela, car l'invention avait été la marque de son originalité en tant que compositeur, avec le recul, je prends sa remarque d'une autre manière. Lorsqu'un compositeur n'est plus en mesure d'inventer, pas nécessairement parce qu'il ne le voudrait pas, mais pour quelques raisons que ce soit, cela signifie-t-il qu'il est nécessairement obligé de renoncer à son originalité et à sa liberté ?

Être libre de la liberté elle-même, c'est être capable de redéfinir ce que signifie la liberté à différents moments de sa vie. Je pense que c'est ce que faisait Xenakis en 1989, car bien que n'inventant plus, il n'était pas pour autant obligé de revenir en arrière dans sa musique, de retourner à un style plus ancien, etc. Placer un accord majeur dans sa partition, de manière inattendue et sans prévenir, était une chose véritablement radicale. Dans la pratique de la musique tonale, on parle du danger d'une dissonance non préparée. Xenakis démontra dans *Échange* le choc d'une « consonance non préparée ».

Pour un compositeur qui fut un « briseur de règles » toute sa vie, quelle chose incroyable que de prendre l'une des règles les plus fondamentales de la tonalité, la préparation des dissonances, et de la renverser en enfreignant l'inverse de cette « règle d'écriture musicale », à savoir que, dans le contexte d'une dissonance musicale non résolue, une consonance telle qu'un accord majeur devrait être « préparée » !

Peut-être Xenakis était-il un peu trop dur envers lui-même en disant qu'il n'inventait plus. Avoir trouvé dans *Échange* le moyen de rendre un accord majeur banal totalement surprenant et extrêmement « dissonant » était certainement une invention d'un genre très particulier de sa part. Si l'on considère que Xenakis était sur le point de travailler sur le programme radical de « synthèse stochastique dynamique » GENDYN, son époque inventive était loin d'être terminée en 1989.

S'affranchir de la liberté, c'est savoir se réinventer, ce qui est bien plus important pour un artiste que toute injonction à « devoir » toujours inventer. Inventer quoi ? Pour qui ? Qui nous demande de toujours inventer et pourquoi devons-nous toujours le faire ?

En 2019, j'écrivis une pièce pour alto et ensemble d'altos pour Maurizio Barbetti que j'appelais *Strange Emergence*. Dans cette notion d'émergence étrange, j'essaie de trouver une alternative à l'obligation d'inventer fondée sur le surmoi. Je pense qu'il est plus intéressant de se laisser véritablement surprendre par ce qui peut émerger de son inconscient créatif et dont on n'a peut-être même pas conscience, plutôt que d'être obligé d'inventer sans réfléchir.

Par émergence étrange, je ne cherche pas à trouver des équivalences musicales aux pratiques d'écriture automatique du surréalisme ni à sa technique du « cadavre exquis ». Ces pratiques d'évitement du sens, tout en produisant parfois des résultats humoristiques, n'ont jamais été véritablement surprenantes, et encore moins inquiétantes. Ces maniérismes artistiques de l'époque du surréalisme et du dadaïsme étaient censés être inspirés par le Freud de *L'interprétation des rêves* ou peut-être par son livre *Le mot d'esprit et sa relation à l'inconscient* ?

Les opérations fortuites de Cage, ainsi que la myriade d'imitateurs qu'il inspira, n'ont jamais vraiment permis l'apparition d'un son extraordinaire au sens de l'émergence de phénomènes sonores étranges ou inquiétants. Bien que ces musiques générées par hasard sonnent plutôt de manière prévisible, ce qui était espéré, à tout le moins, était que quelque chose d'inédit émergea. Malheureusement, jamais ou presque, quelque chose de ce genre n'émergea.

Si les artistes-interprètes avaient pu être plus libres ou plus inventifs, les résultats auraient-ils été plus extraordinaires ou plus surprenants ? La musique de Cage aurait-elle cessé de ressembler à Cage ? Peut-être que les musiciens, tenus d'être libres, ne voulaient pas qu'on leur imposât cette liberté, ou peut-être étaient-ils simplement incapables d'être libres, car mis sur la sellette par les exigences du compositeur ? Peut-être étaient-ils terrorisés à l'idée d'être libres ? Je parle des effets sur les interprètes de l'indétermination dans la notation de Cage, celui-ci espérant que la liberté de la notation indéterminée mènerait à des résultats très intéressants, inédits, qui dépasseraient ses goûts ou ses préférences musicales.

Et si l'on demandait aux interprètes de laisser libre cours à leur imagination, c'est-à-dire de ne pas improviser de manière structurée dans laquelle les résultats sont principalement prévisibles ou déterminés ? Qu'en est-il de la soi-disant improvisation libre ? Si nous demandons aux musiciens d'aujourd'hui d'abandonner les règles de l'improvisation guidée, ou basée sur des règles, qui sont en vigueur dans un certain contexte stylistique comme le jazz ou la musique indienne, cela produira-t-il des résultats plus inattendus? L'improvisation libre est certainement potentiellement risquée, et même peut-être effrayante, pour un musicien qui n'est pas habitué à une telle pratique. S'il ne se moque pas de cette musique libre en ne la prenant pas au sérieux, ce type de pratique musicale risque également de ridiculiser le musicien qui, par manque d'imagination, n'arrive pas à produire un résultat réellement intéressant et librement improvisé.

John Cage et Iannis Xenakis ont tous deux critiqué l'improvisation. Cage la rejeta, à l'exception de ce qu'il appelait l'improvisation composée, car il estimait qu'elle reposait toujours sur le goût et n'apportait rien de nouveau en conséquence. Xenakis la rejeta parce qu'il considérait l'improvisation comme une forme défectueuse du véritable hasard, c'est-à-dire des résultats calculés à l'aide de fonctions stochastiques.

Lancer le Yi Jing ou utiliser des fonctions probabilistes finit tous deux par donner des résultats prévisibles au bout d'un certain temps pour nos oreilles, une fois la partition écrite. Jouer des séquences aléatoires à l'aide d'une notation complètement déterminée générée soit à partir de fonctions de probabilité, soit à l'aide d'une notation déterminée générée par des opérations aléatoires, finit par donner des résultats prévisibles pour l'oreille qui s'habitue à de telles textures.

La notation indéterminée qui permet à l'interprète de compléter ce que le compositeur n'a pas écrit ne produit pas non plus le phénomène d'émergence étrange. Ce qu'il faut, c'est un nouveau type de notation qui combine une notation entièrement déterminée avec un résultat d'imprévisibilité. C'est ce qui définit la nouvelle notation chaotique et le son chaotique.

Ce qui définit le chaos en tant que phénomène est la combinaison d'une détermination totale et de résultats imprévisibles au même moment. C'est en raison de l'invisibilité de l'attracteur étrange sous-jacent, qui détermine à la fois la nature périodique et apériodique des phénomènes chaotiques, qu'apparaît un passage entre l'ordre, le désordre et le chaos, passage qui semble totalement imprévisible tout en étant entièrement déterminé dans sa structure.

Dans mes efforts pour développer une notation musicale « chaotique », par opposition à la notation musicale totalement déterminée de la musique stochastique de Xenakis, ou à la notation musicale indéterminée de Cage, je rejette, pour ma propre musique, le son chaotique totalement indéterminé qui est noté de manière déterministe (Xenakis) ainsi que le son chaotique indéterminé qui est noté de manière non déterministe (Cage).

Ce qu'il m'a fallu, c'est une nouvelle notation qui soit un mélange de paramètres déterministes et indéterministes sur ce qu'il faut jouer, pour produire toute la gamme des phénomènes sonores périodiques et apériodiques implicites dans la structure de «l'attracteur étrange» musical. Accepter que l'on ne puisse pas noter exactement tous les résultats avec un son chaotique implique de distinguer ce qu'il est nécessaire de noter exactement de ce qu'il est impossible de noter exactement. C'est ce mélange de notation déterminée avec un certain indéterminisme nécessaire dans la notation qui produit des résultats musicaux imprévisibles, c'est-à-dire qui permet au son chaotique d'émerger.

Pour faire un pas de plus au-delà de l'émergence chaotique vers l'émergence étrange, il ne faut pas que la notation de l'émergence chaotique devienne une exigence ou une règle. Pour que le compositeur lui-même soit réellement surpris, troublé, voire choqué par le son qui émerge, il faut combiner la rigueur de la pensée mathématique et scientifique avec la perturbation de cette pensée qui résulte du fait de laisser l'inconscient la dérégler, laissant apparaître de manière inattendue des trous ou des discontinuités dans cette logique chaotique.

Se libérer de la liberté, c'est essentiellement être capable de mesurer le degré de liberté ou de choix que nous nous sommes accordés et prendre conscience des « règles de liberté » que nous avons mises en place et qui cachent en fait à quel point nous nous sommes asservis dans une sorte de fausse liberté. Là où nous pensons être le plus libres, c'est exactement là où nous sommes le plus asservis. Une fois que nous avons compris que la liberté est une chose effrayante parce qu'elle comporte une lourde responsabilité, que le vrai choix est terrifiant, alors nous pouvons commencer à comprendre qu'en exigeant de nous d'être libres, nous pouvons paradoxalement créer des règles qui semblent être des choix conscients, mais qui ne font que remplacer une sorte de déterminisme inconscient que nous avons recouvert de « règles de liberté » que nous pensons avoir inventées/ choisies, mais qui sont les conséquences réelles de pulsions inconscientes de satisfaction autodestructrice dont nous sommes à peine conscients.

Le fait que l'on «doive» toujours inventer et toujours être original, ce qui conduit à une éthique de l'originalité absolue, bien qu'exemplaire et admirable, cache un perfectionnisme induit par le surmoi, où aucune œuvre que l'on pourrait produire n'est jamais assez libre, assez originale, assez inventive, pour satisfaire les exigences de cette conscience féroce et insatiable avec ses normes toujours plus élevées. Ne pas s'affranchir de cette fausse liberté ne peut que conduire à la misère et finalement à l'arrêt de la composition en raison d'une insatisfaction impossible à supporter.

Se libérer de la présence dans un espace et un temps fixes I

L'une des différences les plus importantes entre les diverses perspectives de Xenakis sur la musique provient du fait qu'il était à la fois architecte et compositeur. Nous avons déjà mentionné comment son travail sur le Couvent de la Tourette lui permit de découvrir comment l'architecture pouvait inspirer la musique. Xenakis utilisa dans *Metastasis* certains des mêmes calculs qui permirent de créer les panneaux de verre ondulatoires composant la façade. Les dessins des fenêtres du bâtiment ressemblent à certains des dessins pour la pièce d'orchestre *Metastasis*. Ce n'était que le début du travail de Xenakis qui allait lier musique et architecture.

En 1957, Xenakis travailla sur le pavillon Philips à l'exposition universelle de Bruxelles. On demanda à Le Corbusier de concevoir un bâtiment, mais il inclut également dans celui-ci le *Poème électronique* de Varèse qui était diffusé par 350 haut-parleurs. Le Corbusier conçut également un diaporama qui devait être projeté avec la musique de Varèse. On demanda à Xenakis de créer une courte pièce de deux minutes sur bande magnétique, intitulée *Concret PH*, qui était jouée comme musique d'interlude lorsque le public entrait et sortait de l'installation.

La forme très particulière du pavillon Philips — «paraboloïde hyperbolique» — était très différente de la forme normale d'un cube carré ou rectangulaire ou même d'une pyramide. Pourquoi Xenakis choisit-il cette forme inhabituelle, étrangement incurvée?

En ce qui concerne la musique électroacoustique telle que celle qui fut jouée dans le Pavillon Philips, il y aurait eu au moins deux solutions pour harmoniser musique et architecture. La solution de Luigi Nono, qu'il développa pour sa propre musique électroacoustique et acoustique, était d'adapter la musique à l'architecture. Les interprètes et les haut-parleurs étaient placés dans une certaine architecture, dans certaines positions qui correspondaient à l'architecture elle-même. Nono apprit cette approche de la musique poly-chorale vénitienne du XVIe siècle, comme la musique d'Andrea et Giovanni Gabrieli lorsqu'elle était jouée dans la cathédrale San Marco. La technique des cori spezzati fut développée pour créer des mouvements stéréo entre les chœurs d'instruments séparés dans l'espace. Nono plaça des chœurs de voix et d'instruments en antiphonie pour nombre de ses pièces, surtout les plus tardives. Il le fit également en plaçant les haut-parleurs de manière à créer des mouvements spatiaux entre les sons qui se déplaçaient en diagonale ou tournaient dans l'espace.

Xenakis, en tant qu'architecte, préféra la solution consistant à concevoir des espaces différents pour des musiques différentes. Il était totalement opposé au concept d'un espace polyvalent qui pourrait servir pour des conférences, du théâtre ou des événements musicaux selon l'occasion et le besoin. Au lieu de cela, nous trouvons chez lui le concept d'un espace architectural qui possède la forme adéquate en fonction de la musique. Bien sûr, déterminer quelle est la forme appropriée pour quel type de musique dépend de votre conception de ce qu'est la forme du son lui-même.

Giacinto Scelsi et Karlheinz Stockhausen ont tous deux imaginé que le son était de forme sphérique. En 1970, à Osaka, lors de l'exposition universelle, Stockhausen mit au point un auditorium spécial pour sa musique, de forme sphérique, avec des haut-parleurs dans une configuration hémisphérique au-dessus et au-dessous d'un public suspendu dans l'espace.

Xenakis préférait la forme «paraboloïde hyperbolique» qu'il utilisa en 1957 ainsi que dans son *Diatope* en 1978. Il semblerait que la forme que Xenakis imagina pour sa propre musique n'était pas sphérique, mais beaucoup plus irrégulièrement incurvée. Xenakis ne souhaitait pas, dans le cas de ses installations sonores et lumineuses, les *Polytopes*, avoir une architecture de forme conventionnelle comme un cube, une pyramide ou une sphère.

Bien que les *Polytopes* n'aient pas la caractéristique d'une architecture non fixe, la forme irrégulière fut choisie afin d'accommoder le type de sons qui devaient être diffusés à travers le bâtiment. La musique de Varèse et de Xenakis dans le Pavillon Philips et la musique de Xenakis pour le *Diatope* étaient riches en bruit et non harmoniques comme dans la musique de Scelsi. La forme sphérique du son que Scelsi imagina et que l'on retrouve également dans des œuvres de Stockhausen telles que *Stimmung* pourrait être reliée à des fonctions mathématiques circulaires telles que l'onde sinusoïdale, l'onde triangulaire, etc. qui sont périodiques et répétitives dans leur évolution. Une architecture sphérique serait naturelle pour un son sphérique. La nature inharmonique et non répétitive des sons stochastiques en évolution semble exiger une architecture qui n'est pas symétrique dans sa forme, mais plutôt irrégulière et non périodique dans les courbes mathématiques qui décrivent son évolution dans le temps et l'espace.

S'il ne fut pas possible pour Xenakis de concevoir une architecture ondulante, dont la forme évoluerait dans le temps, comme il put le faire avec ses formes d'ondes stochastiques GENDYN, une architecture à la forme très complexe évoque l'apériodicité et l'irrégularité dans l'espace et le temps. Afin de se libérer des relations spatio-temporelles fixes et périodiques avec des répétitions continues, Xenakis estima nécessaire de trouver cette liberté par rapport aux relations spatio-temporelles fixes sous la forme de formes architecturales non répétitives, de formes d'onde non répétitives, de gammes qui ne se répètent pas à l'octave, etc.

C'est dans la nature du chaos non déterministe, qui est le modèle formel de base sous-jacent à la majeure partie de la musique de Xenakis, que la répétition et les relations symétriques prévisibles dans l'espace et le temps doivent être évitées. Les alternances entre ordre et désordre dans la musique de Xenakis ont tendance à être abruptes et discontinues. Contrairement au type de musique où le changement est très progressif et doux et qui comprend beaucoup de répétitions, la musique de Xenakis peut passer brusquement d'une texture à une autre.

Ce qui tend à se produire dans les textures formelles de Xenakis, ce sont des accumulations successives de désordre et de densité. Souvent, une fois qu'un certain type de texture a atteint un maximum de désordre et de densité, Xenakis passe à un nouveau type de texture, imprévisible, qui se construit d'une manière différente, en utilisant des éléments texturaux différents de ceux de la texture précédente, mais qui se construit généralement avec de plus en plus de densité, de plus en plus de désordre. Chaque nouvelle accumulation peut être de plus en plus énergique, de plus en plus catastrophique à mesure que la macro-forme se déploie.

Dans la musique d'aujourd'hui, il me semble que jusqu'à présent, concernant la libération du temps et de l'espace, la musique contemporaine continue d'être prisonnière des concepts de pulsation de temps fixe et d'espace fixe. Ce qui est nécessaire dans la musique d'aujourd'hui est de développer une nouvelle notation qui permet la transformation continue des pulsations de temps et de l'acoustique spatiale dans la composition musicale. Cela va au-delà des changements de tempo ou même des tempi multiples, comme cela a été fait dans la musique du siècle dernier. Pour pouvoir moduler l'espace et le temps *continuellement*, nous devons appliquer la synthèse granulaire non seulement à des grains de son, mais aussi à des grains d'espace et de temps.

Avec la technologie dont nous disposons de nos jours, la réponse impulsionnelle d'un espace acoustique est ce qui se rapproche le plus de ce avec quoi nous pouvons travailler sur ce qui définit le comportement d'un son tel qu'il est façonné par un certain espace acoustique. Nous comprenons maintenant que les espaces acoustiques sont des résonateurs filtrant les timbres et modifiant les partiels qui sont renforcés ou annulés. Lorsqu'un son est en résonance acoustique avec un espace, les fréquences de cet espace vont renforcer les mêmes fréquences du son qui résonne dans cet espace. Cela signifie qu'aucun instrument ne sonnera jamais de la même façon dans deux espaces différents. De plus, outre l'espace acoustique d'une salle et sa réponse impulsionnelle unique, il faut également tenir compte de la réponse impulsionnelle présente à l'intérieur d'un instrument résonnant. Les instruments acoustiques tels que les instruments à cordes et les guitares acoustiques ont des espaces de résonance internes qui doivent être pris en compte, en plus des réponses impulsionnelles des espaces acoustiques dans lesquels ils sont joués. Si la réponse impulsionnelle de l'espace interne d'un instrument à cordes est en parfaite résonance avec la réponse impulsionnelle de la salle, un phénomène acoustique extraordinaire de double résonance est audible.

Laissez-moi vous donner un exemple pour illustrer. Il y a quelques années, j'ai entendu l'interprétation par le Quatuor Parisii du *Quatuor à cordes n° 4* de Scelsi. Les quatre membres du quatuor avaient mémorisé leurs parties et, par conséquent, pouvaient jouer et marcher en même temps dans la salle de concert, de l'arrière vers l'avant. Pendant qu'ils faisaient cela, la richesse du timbre des quatre instruments était grandement améliorée, surtout lorsqu'ils traversaient certains endroits de la salle où les résonances de la salle se combinaient aux résonances des quatre instruments à cordes. L'effet était une multiplication du son comme s'il y avait beaucoup plus que quatre cordes. Cela est également dû à la manière dont Scelsi écrivit pour les quatre cordes, c'est-à-dire avec une partie séparée pour chacune des quatre cordes des quatre instruments. En fait, Scelsi écrivit pour 16 cordes. Ce que j'entendis dans la salle tandis que le quatuor se déplaçait dans l'espace confirma cette impression que le quatuor était devenu un ensemble à cordes. Il me sembla que les mouvements du quatuor dans l'espace et le temps, sans être exactement calculés, parvenaient à créer l'effet magique d'un quatuor à cordes se déplaçant dans un espace dont les réponses impulsionnelles variaient en fonction de l'endroit où le joueur jouait, à tout moment. Cette expérience d'écoute extraordinaire confirme selon moi la possibilité de créer une musique dans laquelle l'espace et le temps ne sont pas fixes et créent par conséquent des transformations de timbre dues uniquement à des micro-variations des paramètres de l'espace-temps, micro-variations attribuables aux micro-changements des résonances acoustiques, des réverbérations et des retards micro-temporels qui se combinent tous en raison du déplacement très lent et délibéré du son dans un espace acoustique. Si le Quatuor Parisii ne passa pas littéralement d'une salle à une autre pendant qu'il jouait, il créait, en se déplaçant dans une seule et même salle, des micro-modulations affectant le caractère spatial et temporel tel que vécu dans cette salle de concert.

À l'avenir, je crois qu'il sera possible d'aller plus loin dans cette idée de modifier de manière très lente et délibérée les caractéristiques spatio-temporelles d'une salle. Il existe déjà des systèmes qui permettent de localiser exactement le son dans l'espace dans une salle, mais nous ne savons pas encore comment simuler la transformation du timbre d'un son lorsqu'il se déplace dans différents champs spatio-temporels, c'est-à-dire dans des endroits où le temps ralentit ou accélère de manière micro-granulaire. Il en va de même pour l'espace, où le caractère micro-granulaire des réponses impulsionnelles de la salle est transformé de telle sorte que nous traversons continuellement un espace en évolution, avec tous les changements de couleur du son que cela implique.

Pour que tout cela puisse avoir lieu dans la musique du futur, la notation doit changer afin que de nouvelles dimensions granulaires du son, du temps et de l'espace, actuellement non prises en compte puissent être incluses dans la partition. Permettez-moi de spéculer sur le contenu d'une telle partition du futur. Imaginez qu'un chef d'orchestre puisse diriger non seulement le tempo des interprètes, mais aussi le tempo de l'espace. Dans un tel espace einsteinien au sein duquel la vitesse d'horloge de l'espace peut accélérer ou ralentir, nous obtenons des phénomènes relativistes où non seulement la seconde elle-même n'est plus une vitesse d'horloge fixe, mais dans lequel les longueurs spatiales peuvent changer. Lorsque nous nous approchons de la vitesse de la lumière, ce n'est pas seulement le temps qui s'étire, mais aussi la longueur. Les choses deviennent littéralement plus longues et pas seulement plus lentes. Cela implique un outil informatique musical capable d'étirer littéralement les dimensions d'une salle, la rendant plus longue ou plus courte, et capable de créer une salle dans laquelle la réverbération et le délai changeraient en raison des caractéristiques spatio-temporelles changeantes de la salle elle-même. Si le compositeur peut agir sur les grains d'espace et de temps dans un espace acoustique, de telle sorte que les phénomènes de changement de vitesse des pulsations de temps et de mouvement spatial peuvent être modifiés sans l'intervention d'interprètes, grâce à l'informatique musicale de l'avenir, c'est alors la nature même de la pratique musicale qui est profondément modifiée. Nous ne modifions pas seulement la surface de la structure temporelle de la musique en la jouant plus vite ou plus lentement, ou en la déplaçant dans l'espace à l'aide de l'électronique en direct. En agissant sur les caractéristiques spatio-temporelles de la salle elle-même, ainsi que sur les propriétés acoustiques des instruments eux-mêmes (l'acoustique interne de l'instrument), nous changeons la nature de la composition elle-même, car nous composons littéralement l'espace et le temps dans lesquels la performance a lieu.

Dans ce type de condition, où il n'y a ni espace fixe, ni temps fixe, le compositeur peut créer de nouveaux timbres qui ne pourraient pas exister dans une certaine salle déjà existante, dans une certaine structure de temps, parce qu'il paraîtrait évident que ces dimensions spatio-temporelles seraient impossibles à modifier du fait de leur nature fixe même.

Dans la musique contemporaine, non seulement la notation musicale n'a pas progressé en offrant de nouvelles possibilités, mais au contraire, elle est devenue de plus en plus rigide et conservatrice, renforçant la pulsation du temps de la battue fixe et ne permettant que les mêmes vieilles subdivisions complexes de cette battue fixe. Aucune notation actuellement utilisée par des compositeurs typiques écrivant pour des ensembles contemporains typiques ne reconnaît la possibilité d'un temps relativiste et tout ce que cela implique pour un nouveau type de notation dans lequel la durée peut être déterminée, mais ce qui se passe à l'intérieur de cette durée déterminée est complètement imprévisible en raison des grains de temps pulsés qui accélèrent et ralentissent. Dans une telle notation, bien que les interprètes soient nominalement dans le même temps « social » ou « de groupe », chaque interprète joue en fait dans son propre tempo en vertu des grains de temps pulsés non fixes qui déterminent le flux du temps fluctuant.

Nous sommes tellement habitués à ce que de multiples tempi fixes soient créés par de multiples chefs d'orchestre ou guidés par de multiples pistes de clic fixes, que nous ne pouvons pas imaginer que ce soient les grains de temps et d'espace pulsés fluctuants qui déterminent en fait notre expérience du son. Deux personnes ne peuvent pas entendre le même son, car même si elles se trouvent dans la même salle, elles se trouvent à des endroits de résonance différents dans celle-ci, et les résonances intérieures de leur propre corps, la façon dont le son résonne dans leur crâne — qui sont tous différents en termes de forme, de taille et de réponse impulsionnelle — tout cela crée une expérience sonore unique pour chaque auditeur.

Comme le démontre l'expérience de l'auditeur dans le « Dream House » de La Monte Young à New York, même lorsqu'un son complexe est maintenu constant ou presque constant, il suffit que l'auditeur bouge rapidement ou lentement, se lève ou s'assoie, pour que le son change. Nous entendons des changements de timbre dus à des expériences psychoacoustiques qui ne sont jamais deux fois les mêmes pour un individu, et encore plus différents pour deux individus qui écoutent depuis un corps différent et ne vivent pas du tout le même temps ou le même espace. Là où le temps est censé s'arrêter, le temps et l'espace changent constamment dans leurs caractéristiques microgranulaires.

La musique de La Monte Young, ce qu'il appelle «Theater of Eternal Music», est souvent jouée dans la «Dream House», là où le temps est censé s'arrêter et où le temps et l'espace changent constamment dans leurs caractéristiques micro-granulaires. Si même dans un espace où nous entendons la même musique jouée au même volume sans changement, il y a un changement continu dans l'expérience individuelle du son, Young nous a prouvé que, même si un son ne change pas dans la façon dont il est joué, c'est dans l'audition du son que nous remarquons que la salle elle-même a des caractéristiques micro-modulatoires infinies, ainsi que dans notre propre corps, de sorte que nous ne pouvons jamais entendre deux fois le même son. La célèbre phrase d'Héraclite, selon laquelle on ne peut jamais entrer deux fois dans la même rivière, peut être adaptée en disant qu'on ne peut jamais entendre le même son de la même façon, pas même une fois. Le moment où le temps s'arrête au bord du trou noir, là où il y a une éternité entre le tic d'une seconde et le toc de la seconde suivante, est exactement celui où nous sommes si bien entrés dans le cœur du son interne que nous ne pouvons qu'en ressentir les micro-variations infinies. Nous revenons à l'expérience de John Cage dans la chambre anéchoïque «silencieuse» où il n'entend que deux sons : le son aigu est celui de son système nerveux et le son grave celui du battement de son cœur, les sons de l'espace-temps interne de nos corps.

Se libérer de la présence dans un espace et un temps fixes II

Xenakis inventa une distinction qui eut de nombreuses implications dans le domaine de l'étude des nouvelles formes de la musique contemporaine. Cette distinction concernait la forme «hors du temps» et la forme «dans le temps». Selon Xenakis, la composition hors du temps pourrait être liée à la création d'un crible, c'est-à-dire d'une échelle constituée d'une série ou d'une séquence d'intervalles musicaux. Le crible était différent d'une série en ce sens qu'il n'y avait pas de nombre fixe de notes dans un ordre fixe, comme dans la série de douze sons qui ne doivent pas se répéter avant que la série entière puisse être réutilisée. En revanche, on pourrait voir le crible comme une généralisation du concept de gamme dans lequel les gammes majeures ou mineures ou les gammes à douze tons ne sont que des cas particuliers de crible. La notion de crible de Xenakis a été inspirée par le théoricien de la Grèce antique, Aristoxène, qui décrivit des séquences d'intervalles et leurs transformations. À l'époque d'Aristoxène, les échelles comprenaient des intervalles micro-tonals et, contrairement à celles de Pythagore, elles n'étaient pas liées à des ratios divisant en différentes parties la longueur d'une corde vibrante. Les échelles d'Aristoxène n'étaient reliées à aucun système harmonique et étaient utilisées pour créer des séquences d'intervalles. Xenakis généralisa l'approche d'Aristoxène en permettant qu'il puisse s'agir de n'importe quelle série d'intervalles, et non simplement de série de hauteurs. Ni le nombre d'intervalles ni le nombre minimum d'intervalles différents pouvant être contenus dans un crible n'étaient fixés. Ce que les cribles avaient en commun avec les séries de douze sons était leur capacité à créer des champs harmoniques par l'utilisation d'intervalles fixes. Il appartenait au compositeur de décider si les intervalles étaient majeurs, mineurs, micro-tonals ou non. Xenakis lui-même préférait les cribles non octaviants. Il offrit également la possibilité de créer des cribles pour d'autres paramètres du son tels que la dynamique ou les timbres. Nombre des œuvres les plus célèbres de Xenakis font appel aux cribles, mais ce n'est que lorsqu'il les appliqua verticalement, notamment dans certaines de ses pièces pour grand orchestre de la fin des années quatre-vingt et des années quatre-vingt dix, que les cribles devinrent également un moyen de créer des grappes d'accords colorés.

Les cribles sont un exemple de ce que Xenakis appelle une forme «hors du temps», car l'enchaînement des intervalles d'un crible est indépendant de toute considération temporelle. Une fois qu'un crible était appliqué à une série de durées, le résultat était que la forme «hors du temps» était entendue comme une forme «dans le temps». Xenakis insista sur cette distinction et reprocha à la musique classique occidentale et à sa polyphonie de valoriser excessivement les formes «dans le temps» de la musique au détriment des possibilités formelles «hors du temps».

En substance, les cribles «hors du temps» étaient liés à la théorie mathématique des ensembles avec sa manipulation des éléments appliquée à un ensemble d'intervalles. C'est cette partie de la musique dodécaphonique qui attirait Xenakis, mais, comme d'habitude, il avait souvent l'impression que des compositeurs tels que Schoenberg ou Webern, après de bons débuts, auraient pu aller plus loin dans leur réflexion. Xenakis voulait généraliser et systématiser ce qui était implicite dans la musique dodécaphonique.

Déjà dans les anciennes théories grecques d'Aristoxène ainsi que dans la pratique de la musique grecque byzantine, les échelles micro-intervalliques donnaient lieu à des transformations et des retransformations des séquences intervalliques utilisées dans ces échelles. L'utilisation par Schoenberg de la rétrogradation, de l'inversion et de l'inversion rétrograde des hauteurs et des intervalles de ses échelles dodécaphoniques a sans doute rappelé à Xenakis certaines caractéristiques de la pratique musicale de la Grèce antique, bien entendu sans l'utilisation dans la musique de Schoenberg des micro-intervalles.

Dans ma propre interprétation de la distinction par Xenakis entre « hors du temps » et « dans le temps », je pense que nous devons y avoir recours pour montrer comment ces distinctions sont liées à notre perception du son. Pour moi, ce qui est hors du temps, c'est la structure. Une série d'intervalles, ou de tout autre paramètre sonore, est une structure abstraite qui n'a aucune conséquence pour l'acoustique tant que cette structure n'est pas jouée temporellement avec un certain timbre, dans un certain temps et dans un certain espace. Une fois que la structure « hors du temps » est façonnée, colorée et dotée d'un certain phrasé, elle devient une forme musicale pour notre perception.

Si j'apprécie le désir de Xenakis de créer des structures musicales beaucoup plus flexibles et variables que la rangée fixe de douze tons, malheureusement, le crible de Xenakis souffre du même défaut que la rangée de douze tons de Schoenberg, à savoir qu'aucun des deux n'a de lien inhérent avec la structure du son lui-même. La structure du son, contrairement à la structure mathématique, est par nature une structure temporelle. Nous ne pouvons pas imaginer un son sans une durée, aussi courte soit-elle. Un crible ou une série ne nécessitent aucun lien avec le temps. Les vérités mathématiques, comme les structures musicales «hors du temps», n'ont pas besoin du temps pour exister. Peut-on imaginer des structures musicales «hors du temps» qui conservent la «vérité» du son sans tenir compte de la durée?

Si nous examinons une tentative similaire de créer une structure musicale «hors du temps», nous pourrions opposer la «formule» de Karlheinz Stockhausen au crible de Xenakis. Qu'est-ce que la «formule» contient que le crible ne contient pas? La «formule», contrairement au crible, est une série de hauteurs qui ont des durées, voire une sorte de séquence rythmique, comprenant aussi des dynamiques, parfois des timbres, et même parfois des mots. Cette structure «hors du temps» est moins générale que le crible, car il ne s'agit pas d'une séquence abstraite de paramètres, mais presque d'un mélange de ces éléments traditionnels, ressemblant à un thème ou à une série. La principale différence entre le concept de « formule » et celui de crible est que la « formule » est une structure qui change de forme en fonction du niveau de temps auquel elle est appliquée. Si la « formule » est appliquée au niveau micro-temporel, elle devient un timbre. Si elle est appliquée au niveau méso-temporel, elle devient une mélodie. Si elle est appliquée au niveau macro-temporel, elle devient un élément spectral-timbral-harmonique. Cet étirement et cette compression de la « formule » découlent du fait que Stockhausen a découvert ce continuum entre le micro, le méso et le macro-temps à travers ses expériences de composition de musique électronique, notamment dans son *Kontakte*.

Peut-on considérer que le crible est lié à la théorie granulaire du son de Xenakis ? Si un intervalle peut être vu comme une durée reliant deux grains de son, l'enchaînement des intervalles est-il un moyen de concevoir une transformation du timbre au niveau de la mélodie ? En d'autres termes, si le niveau du grain de son est le micro-niveau pour Xenakis, l'intervalle est-il le méso-niveau, et le nuage de grains le macro-niveau ? Je ne crois pas que cela fonctionne, car le méso-niveau d'intervalle entre le grain de son et le nuage de grains n'est pas celui d'une plus grande densité. Contrairement à Stockhausen, où le même élément est perçu comme quelque chose de nouveau à un niveau de temps plus important, le concept de continuum granulaire de Xenakis repose davantage sur l'accumulation de la densité des grains et moins sur l'allongement des micro-éléments. Un grain plus long peut devenir un son davantage perceptible parce que le grain a déjà la même forme d'onde que le son plus long, mais simplement avec une durée plus longue. Ce n'est que par la combinaison de nombreux grains qu'une masse de grains peut émerger comme un nuage sonore à partir d'un nombre croissant de grains individuels qui se combinent. Rendre un son plus massif ne change pas nécessairement le timbre, ou si c'est le cas, ce n'est que si les grains eux-mêmes passent, par exemple, de grains pizzicati ou ponctuels à des grains glissandi ou glissants. Pour Xenakis, le changement de timbre dans sa théorie granulaire du son est souvent associé à des changements de texture et de densité.

Ce n'est que lorsque Xenakis développe le programme GENDYN avec ses transformations continues que nous avons une théorie du son qui est totalement liée à la transformation d'un seul élément décisif : la forme d'onde. Alors que le grain s'accumulait en de nombreux grains pour former une masse de grains ou un nuage sonore, qui était un son riche avec beaucoup de mouvement, la forme d'onde contient déjà tous les éléments d'un son. Xenakis estimait que tous les sons possibles étaient contenus entre la simple onde sinusoïdale et le bruit blanc. Il pensait que, si l'on était capable de contrôler tous les paramètres du programme GENDYN, on pourrait, de manière stochastique, générer tous les sons possibles, toutes les musiques possibles.

La solution originale de Xenakis pour échapper au temps et à l'espace fixes fut de créer la catégorie « hors du temps ». Nous avons vu qu'il a perdu par cette libération incomplète la capacité de relier les cribles à la nature du son lui-même comme dans la structure temporelle. Une séquence abstraite d'intervalles, qu'il s'agisse de cribles ou de séries, bien qu'elle puisse produire une musique intéressante, ne peut constituer un modèle adéquat pour la structure du son lui-même qui est fondamentalement une transformation continue dans le temps. Le programme GENDYN est un modèle beaucoup plus satisfaisant pour la structure du son en tant que forme d'onde se transformant à l'infini et subissant des changements imprévisibles et illimités dans toutes les dimensions du son à la fois. À l'intérieur de cette forme d'onde se transformant à l'infini, le crible et ses transformations, le grain et ses transformations, la «formule» et ses transformations seront tous considérés comme des moments de passage au sein de la forme musicale. La forme musicale se produit «dans le temps» sous forme de configurations passagères de différents types de structures musicales se transformant et passant de l'une à l'autre sans fin.

Se libérer des transformations fixes dans un temps et un espace fixes implique de défixer le temps et l'espace eux-mêmes. Nous avons vu dans les exemples précédents les tentatives de Schoenberg, Xenakis et Stockhausen de créer des structures «hors du temps» sous la forme de la série des douze tons, du crible et de la «formule». Alors que la série et le crible créaient tous deux des structures qui n'avaient pas besoin du temps pour exister, la «formule» était un effort pour prendre en compte différents niveaux de temps et leur effet sur le son musical. Le programme GENDYN tient pleinement compte de la nature continue de la transformation du son dans le temps, mais néglige de nous libérer de l'espace fixe qui a également un effet sur la forme d'onde et son timbre.

L'espace mathématique de la série ou du crible, l'espace abstrait qu'ils proposent, n'est pas le même espace que celui dans lequel existent le son musical et son sujet humain. Même la « formule » de Stockhausen, tout en faisant référence à un temps qui pourrait se transformer de l'infiniment petit à l'infiniment long, reste un espace abstrait « hors acoustique ». Le programme GENDYN fonctionne dans l'espace physique du haut-parleur qui est un espace réel, mais très limité. Comment le compositeur doit-il se libérer, lui et sa musique, des paradigmes qui ne libèrent pas leurs musiques de l'enfermement dans des espaces fixes ? On peut penser que l'espace mathématique, qui est l'espace des vérités éternelles et hors du temps, est un espace plus libre que celui dans lequel nos corps sont contraints d'exister, mais, néanmoins, l'espace acoustique est l'espace réel dans lequel le son existe et dans lequel nos musiques sont jouées.

Échapper au temps et à l'espace fixes en musique n'est pas possible en utilisant uniquement les mathématiques, les algorithmes de l'I.A. ou toute autre panacée contemporaine, en d'autres termes ces faux paradis de la libération des limitations musicales par la technologie. Il est très facile de se tromper en pensant que l'on a découvert la « formule » ultime, celle qui résoudra tous les problèmes musicaux, qui ouvrira « l'Unique » espace infini de la Vérité musicale, mais, malheureusement, nous sommes obligés de nous fier à notre invention, à notre imagination musicale, même si parfois nous nous égarons.

Ce qui crée un temps et un espace véritablement fixes, c'est d'être pris au piège de notre propre pensée musicale, de notre propre manque d'imagination musicale, de trop compter sur l'éclat de notre pensée et pas assez sur le fait de faire de bonnes et honnêtes erreurs. Sortir des filets musicaux qui entravent nos tentatives d'être original et d'inventer de nouvelles théories, de nouvelles musiques, est malheureusement un résultat normal de l'orgueil du compositeur. Plus le compositeur pense avoir échappé au temps et à l'espace fixes de son propre esprit musical, plus il est piégé.

Faut-il alors proposer une nouvelle tentative ratée de créer une manière de concevoir le son musical en dehors du temps et de l'espace fixes, ou bien adopter la solution selon laquelle la réponse pourrait se trouver ailleurs, dans le sens strict du terme, qu'à l'intérieur de notre propre temps et espace musical personnel fixe, bien trop fixe ?

Personnellement, je pense que nous avons beaucoup à apprendre sur les nouveaux types de formes musicales en étudiant la nature. Qu'est-ce qui nous permet d'utiliser la nature et les transformations qui s'y produisent comme des analogies à la musique ? Ne risquons-nous pas de commettre les mêmes erreurs que ceux qui ont accordé trop de confiance aux mathématiques comme source ultime de vérité hors du temps et de l'espace ? Ce n'est qu'en examinant attentivement s'il existe suffisamment de similitudes entre les phénomènes que nous avons choisi de prendre comme modèle musical et ceux du son lui-même, que nous pourrons être sûrs de la validité ou non de notre modèle.

Quelles caractéristiques les phénomènes naturels doivent-ils avoir en commun avec le phénomène sonore pour que l'analogie soit valable ? J'utilise le mot analogie à dessein, car ce n'est que par une analogie, c'est-à-dire une similitude, peut-être autant poétique que scientifique, que nous pouvons oser poursuivre cette entreprise périlleuse des « arts-sciences ». Je préfère l'appeler « MusiPoeSci » parce que je pense que l'aspect poétique de l'inspiration de la nature est ce sur quoi nous pouvons compter comme source solide d'inspiration artistique. Si la musique n'est ni de la poésie, ni de la danse, ni un film, si nous procédons par analogie — ce qui n'équivaut pas à l'utilisation d'une « formule » ou d'une équation fixe — la façon dont nous appliquons le modèle naturel à la musique n'implique pas nécessairement de faire des calculs mathématiques, sauf les plus simples.

Pour un compositeur, ce qui est bien plus important que de faire les bons calculs est de choisir le bon modèle dans la nature pour sa composition basée sur le son. Je souligne basée sur le son. Je ne parle que de ça. Les compositeurs qui souhaitent continuer à composer avec des notes, des mélodies, des thèmes, etc. peuvent se sentir libres d'ignorer ce que je vais dire.

Lorsque je composais *Le Fleuve du Désir* en 1994, l'analogie entre une rivière de son, une rivière de désir, une rivière décrivant la transformation continue entre l'ordre, le désordre et le chaos, me conduisit à composer une forme qui était à la fois basée sur des considérations purement sonores, mais qui tenait également compte de la théorie de la turbulence des fluides. Je n'utilisais pas de mathématiques de haut niveau tirées d'études scientifiques sur la turbulence, mais essayais d'absorber de quelle manière le son pouvait être décrit comme un fluide turbulent. Tout d'abord, en quoi le son est-il un fluide? En 2004, j'écrivis une pièce intitulée *3 Études Quantiques* dans laquelle j'essayais de faire la distinction entre les sons solides, liquides et gazeux. La question de la substance sonore, la façon dont elle coule, se transforme, devient chaude ou froide, calme ou tumultueuse, sont autant de termes profanes pour désigner les véritables questions scientifiques posées par ceux qui étudient la manière dont les phénomènes énergétiques effectuent des transitions de phase entre différentes formes de matière sous différents états d'excitation. Il est extrêmement stimulant et inspirant de lire de tels ouvrages, surtout lorsque l'auteur s'efforce de rendre son livre accessible à ceux qui ne sont pas des scientifiques, mais qui ont un intérêt sincère pour l'étude de ces phénomènes.

Ces dernières années, j'ai collaboré avec l'astrophysicien Jean-Pierre Luminet sur un projet intitulé *Atomes d'Espace et de Temps*. Ses travaux sur les trous noirs au niveau des étoiles, des galaxies et du cosmos lui-même ont été une source constante d'inspiration, mais aussi de consternation, car il faut être très prudent lorsqu'on essaie de trouver des analogies adéquates en musique pour des phénomènes aussi énormes. On court toujours le risque de ne pas disposer d'une imagination suffisamment capable d'échapper à ses propres catégories trop figées de temps et d'espace pour décrire musicalement l'énorme énergie et les espaces extraordinairement denses qu'implique la fusion des étoiles à neutrons ou la collision de deux galaxies qui s'effondrent en trous noirs. Pour composer une telle œuvre, je continue à lutter pour libérer l'espace et le temps qui sont dans mon esprit. Une fois que j'aurai réussi à le faire, j'aurai plus de chances d'écrire une pièce qui est au moins partiellement à la hauteur du texte de Luminet.

Libérer le son du temps et de l'espace fixes commence par la libération d'une imagination trop figée.

Se libérer de la tradition I

Xenakis est grec. Quel avantage pour quelqu'un qui veut écrire de la musique contemporaine ! À part Nikos Skalkottas, le plus célèbre compositeur grec dodécaphonique, aucun autre compositeur grec avant Xenakis ne représenta la tradition de la musique d'avant-garde. Bien qu'il y ait eu des compositeurs grecs byzantins d'importance, il s'agit d'une autre tradition, celle de l'Église grecque orthodoxe. Xenakis voulait faire partie de la musique contemporaine de la tradition occidentale, car sa formation musicale s'inscrivait dans cette tradition. Que ce soit Brahms, Bartók, Varèse… Xenakis essayait de composer d'une manière qui lui permettrait, malgré sa nationalité, d'entrer dans cette tradition afin de mieux la briser par sa musique et sa pensée radicale.

Ce n'est que lorsque Xenakis tente de renouveler la tradition musicale grecque, non pas la tradition de la musique classique ou la tradition byzantine, mais la tradition de la Grèce antique, que Xenakis devient véritablement qui il est. Pourtant, comment renouer avec une tradition en grande partie perdue ? Nous avons déjà mentionné comment Xenakis se référa au traité d'Aristoxène pour fonder sa nouvelle théorie des cribles. Ce faisant, Xenakis se coupa de la partie de l'apport grec qui provenait de Pythagore et de ses rapports harmoniques.

Il ne fait aucun doute que ce qui intéressait particulièrement Xenakis était la façon dont la poésie et les pièces de théâtre de la Grèce antique étaient mises en musique. L'*Oresteïa*, à laquelle Xenakis travailla de 1965 à 1992, est peut-être l'œuvre la plus importante de Xenakis à présenter une véritable alternative à la tradition occidentale de l'opéra. Nous savons que toutes les tragédies de la Grèce antique avaient une musique liée à leurs paroles. Elles étaient chantées et accompagnées d'instruments. Les poètes qui écrivaient les paroles écrivaient également la musique. Si les paroles de certaines des grandes tragédies antiques ont survécu, la musique, elle, n'a pas survécu. On peut se demander si la musique était notée, si les partitions ont été perdues et si cela était le cas, ce qu'il en est advenu. La musique n'était-elle pas écrite parce qu'implicite dans la poésie elle-même ? En d'autres termes, si vous saviez lire la poésie, était-il évident que vous saviez la chanter ? Qu'en est-il de la musique instrumentale ? Était-elle improvisée de manière à suivre la poésie ? Existait-il une tradition tellement répandue sur la manière de procéder qu'il n'était pas nécessaire de l'écrire ? En d'autres termes, la tradition des tragédies de la Grèce antique était-elle une tradition auditive/orale, une tradition transmise par l'oreille et par la bouche ? Il y a aujourd'hui en Grèce des chanteurs comme Spyros Sakkas, qui a beaucoup travaillé avec Xenakis, qui essaient de présenter les tragédies anciennes en grec ancien, en se rapprochant le plus possible de ce que cette tradition aurait pu être, compte tenu de ce que l'on sait aujourd'hui.

Lorsque Xenakis était jeune, on ne savait presque rien de cette tradition et ce qui en restait était principalement la poésie de la Grèce antique elle-même. Étant donné que la tradition de la poésie de la Grèce antique, la manière dont elle était interprétée et notée était perdue, il était relativement facile pour Xenakis de s'affranchir d'une tradition largement perdue. Contrairement à la tradition occidentale, bien vivante et qui désapprouve largement les tentatives des jeunes compositeurs de la rénover radicalement, Xenakis avait toute latitude pour imaginer de nouveau cette ancienne tradition grecque, pour en faire ce qu'il voulait. Le résultat, en particulier dans sa musique chorale et sa musique de théâtre, est une musique tout à fait contemporaine qui sonne parfois comme une musique perdue, archaïque, comme si Xenakis essayait de transcrire, lorsqu'il met en scène des textes grecs anciens, ce à quoi cette musique aurait pu ressembler, tout en essayant d'imaginer ce que pourrait être cette musique contemporaine si la tradition était toujours vivante.

Imaginez que, pour une raison tragique, toute l'histoire de la musique classique occidentale soit perdue. Pas une seule partition ne subsiste. Pas de chant grégorien, pas de Machaut, pas de Josquin, pas de Palestrina, pas de Monteverdi, pas de Bach, pas de Mozart, pas de Beethoven, pas de Wagner… Toute l'histoire de la musique classique occidentale en tant que forme écrite et enregistrée disparaît. À cause d'une catastrophe naturelle, d'une guerre ou d'un désastre écologique, toutes les traces écrites et enregistrées de tous les arts et de toutes les sciences disparaissent. Un jeune homme du futur entend vaguement parler d'un mythe selon lequel, dans un passé lointain, avant la grande catastrophe, il existait une énorme tradition, de grandes réalisations dans les arts et les sciences. Les noms sont à peine encore écrits sur des morceaux de métal ou de plastique brisés, sur du papier imbibé d'eau ou sur d'autres types de supports qui ne sont plus lisibles, car les machines qui auraient pu les déchiffrer sont elles-mêmes détruites.

Ce jeune homme ou cette jeune femme rêve de la tradition perdue, de ce qu'elle était, de ce qu'elle a accompli. Ce n'est que récemment dans sa civilisation que les choses se sont suffisamment calmées pour que la question de la créativité puisse à nouveau être posée. Cela faisait si longtemps que l'humanité survivait à peine, presque rien à manger, presque rien de potable à boire. Toute la civilisation a été réduite à la survie, et parmi les survivants, il y a encore des murmures de ce qui a été perdu, presque rien de ce dont on se souvient, car les gens ont longtemps compté sur les machines pour se souvenir de tout à leur place. Ceux qui pouvaient encore jouer la musique de cette civilisation perdue avaient essayé désespérément de transmettre leur savoir aux survivants et aux enfants des survivants, mais les gens avaient trop peur de mourir pour pouvoir se concentrer sur la préservation d'une pratique aussi complexe. Les facteurs d'instruments n'avaient plus les matériaux ni les conditions matérielles pour fabriquer de nouveaux instruments.

Ainsi, tout ce qui restait après un long moment était les voix des personnes qui avaient survécu et qui avaient souffert de cette terrible époque.

Leur musique plaintive, le nouveau blues des survivants, continua à être chantée sur de nouveaux poèmes par ceux qui étaient encore assez courageux pour vouloir exprimer cette perte insupportable. Peut-être qu'un tel scénario s'est produit de nombreuses fois pour de grandes civilisations dont nous n'avons aujourd'hui que les traces les plus infimes.

Xenakis a vécu cette catastrophe à deux niveaux : d'une part, la perte de ses idéaux de jeunesse pour une nouvelle Grèce, qui, par un mélange d'idéaux platoniciens et marxistes, renaîtrait de ses cendres pour former une nouvelle civilisation, et d'autre part, la perte de l'ancienne culture dont il ne reste que des ruines et des fragments, les deux ne laissant au jeune homme aucune tradition et aucun avenir. Dans une telle situation, on peut soit laisser ses origines de côté, soit tenter de reconstruire une culture future à partir de ses cendres.

Dans le cas de Xenakis, on a l'impression qu'il est le dernier représentant de cette ancienne civilisation perdue et de toutes ses réalisations perdues, de sa musique perdue et de son théâtre musical perdu. À partir des seuls mots, dernières traces de la poésie, de la musique et du théâtre de la Grèce antique, Xenakis tente de transcrire dans une nouvelle notation musicale cet accomplissement ancien avec les moyens d'aujourd'hui. À l'aide de la notation moderne des hauteurs, il doit transcrire la parole et le chant du grec ancien, les rythmes de la Grèce antique et, avec les instruments de la musique classique occidentale moderne, les timbres des sons archaïques.

Se libérer d'une tradition ancienne, mais néanmoins omniprésente, une tradition qui n'existe plus, mais qui est néanmoins réelle pour son descendant, peut s'avérer aussi difficile que pour quelqu'un qui vient d'une tradition plus récente, mais qui existe toujours et demeure également omniprésente. Enfin, Xenakis est un compositeur dont la musique est marquée par la perte. Nous avons déjà parlé de la perte de sa mère, de la perte de ses idéaux marxistes, et maintenant de la perte de sa tradition musicale grecque. Là où il y a perte, la psychanalyse nous enseigne qu'il y a castration, c'est-à-dire la séparation douloureuse de l'objet aimé. Le phallus est l'objet qui couvre la perte en fabriquant un « semblant » qui se substituerait à l'objet perdu. Freud nous a appris que l'un des noms de ce substitut s'appelle la civilisation. La musique est une telle version du phallus, un substitut sublime de l'objet du désir à jamais perdu.

Se libérer d'une tradition qui n'existe plus, mais qui reste sous la forme d'un idéal insurmontable peut être à la fois extrêmement inspirant et impossible. Recréer une musique perdue est littéralement impossible, comme vous le dira tout musicologue qui a essayé de recréer une œuvre qu'un célèbre compositeur n'a jamais pu terminer : quelle que soit la qualité de son travail, il ne pourra jamais remplacer la véritable œuvre. L'une des raisons du mécontentement perpétuel de Xenakis à l'égard de ses propres productions est peut-être que, dans sa quête d'originalité absolue, il est constamment confronté à une contradiction dans son propre désir. D'une part, il veut composer une musique absolument nouvelle, absolument originale, et pourtant, la norme est toujours inconsciemment cette musique perdue, toujours si parfaite, de la Grèce antique, d'autant plus parfaite qu'elle est perdue et ne peut être entendue. Nous ne pouvons qu'imaginer quelle était la sonorité de l'*Oresteïa* originale telle que composée par Eschyle et comment la version de Xenakis pourrait rivaliser avec celle qui ne peut exister aujourd'hui que comme une forme platonique éternelle.

Le problème du platonisme contemporain est que ce qui est éternellement parfait en tant que structure « hors du temps » ne peut jamais rivaliser avec une composition réelle « dans le temps » réalisée par un être humain imparfait, en chair et en os. Ce qui est perdu est souvent confondu avec l'impossibilité d'exister. La musique grecque ancienne en tant qu'idéal est non seulement perdue, mais n'a jamais existé. Nous ne saurons jamais ce qu'elle fut, mais il est impossible d'échapper à son influence en tant qu'image de « l'idéal » sans dégonfler d'abord cette image de l'Autre, l'idéal de la Vérité unique, de la Perfection unique, qui n'existe pas.

On ne peut affronter la question de savoir comment se libérer d'une tradition qui n'existe pas sans affronter la question de l'écriture de cette tradition. L'exemple de la Grèce antique n'est que le plus flagrant pour montrer l'impossibilité d'écrire ce qui est le plus important dans une tradition musicale, puisqu'il ne reste rien de cette écriture, si ce ne sont les mots, la poésie, qui ne sont pas censés remplacer la notation musicale. Si les Grecs de l'Antiquité avaient jugé essentiel ou même possible de mettre par écrit la musique de ces tragédies antiques, nul doute qu'ils l'auraient fait. Le fait qu'ils aient noté les mots montre que ce sont ces derniers qu'ils considéraient comme les plus importants. Si la musique était considérée comme éphémère, c'est-à-dire toujours changeante d'une exécution à l'autre, pourquoi l'écrire ? Cela ne signifie pas nécessairement qu'ils considéraient la musique comme un art sans importance ou non essentiel. Après tout, la musique avait sa place dans les Jeux olympiques comme l'un des grands sports. Ainsi, pour les Grecs, la musique était à la fois un art et un sport.

La question de la notation reste de savoir ce qui doit être écrit et ce qui est essentiel dans l'écriture. Pour les Grecs anciens, c'est la parole qui est écrite et qui est essentielle. Lorsqu'il est écrit, le mot défie la perte, c'est-à-dire que pour les Grecs anciens, quelque chose dans le mot poétique empêche la musique de se perdre. Xenakis interprète cet élément du mot qui défie la perte comme étant un rythme. La musique suit le rythme de la poésie. Pourquoi la hauteur du mot n'est-elle pas essentielle en tant qu'élément musical dans le contexte de la déclamation de la poésie dans un drame antique ? Si la parole elle-même est ce qui donne vie à la poésie, c'est la hauteur de la parole qui compte. Lorsque l'acteur parle et chante la poésie grecque ancienne, il choisit naturellement les hauteurs sur lesquelles entonner son texte qui sont appropriées à l'expression implicite des mots. Il n'a pas besoin qu'on lui dise sur quel ton il doit chanter ou parler. Son art d'acteur-chanteur le lui dit. Il montera ou baissera le ton et la dynamique de sa voix en fonction des émotions qu'il exprime. Il n'a pas besoin qu'on lui dise quelle hauteur ou quel timbre entonner, mais seulement qu'il doit suivre le texte dans son rythme et son expression. Avec cette compréhension, pourquoi les grecs auraient-ils besoin d'une notation musicale ? Entoner la poésie de la manière la plus expressive possible, accompagnée d'instruments de la Grèce antique, crée déjà une musique appropriée à la tragédie grecque antique.

Si mon raisonnement est correct, nous n'avons absolument rien perdu de la notation de la musique des tragédies anciennes de la Grèce antique. Nous avons supposé qu'écrire de la musique pour les Grecs anciens était la même chose qu'écrire de la musique pour nous, compositeurs de musique classique. Quand on écrit un opéra aujourd'hui ou même dans les siècles précédents, on distingue toujours le livret de la musique. Les compositeurs classiques mettent les mots en musique. Les auteurs grecs de l'Antiquité, comme Eschyle, composaient les paroles et la musique simultanément.

Lorsque nous parlons de nous libérer d'une tradition, nous parlons essentiellement de nous libérer d'une tradition d'écriture. La façon dont la musique est écrite ou non est ce qui est le plus déterminant pour cette tradition. Ce qui fait que la musique classique indienne est précisément indienne est qu'elle n'est pas écrite. Si les musiciens indiens avaient jugé essentiel d'écrire leurs ragas et talas « hors du temps » et toutes leurs élaborations, ils l'auraient fait. Le fait qu'ils ne l'aient pas fait montre qu'ils pensent que c'est inutile ou impossible, ou les deux.

Le fait que nous, occidentaux, insistions sur la préservation de nos partitions « sacrées » en dit autant sur qui et ce que nous sommes que sur notre musique. Nous voulons que notre musique soit éternelle. Le grand égo et l'énorme fierté du compositeur occidental se manifestent lorsqu'il signe son nom sur sa partition et qu'il insiste pour que celle-ci soit exécutée exactement comme elle est écrite. Le compositeur se sent offensé si la partition n'est pas jouée telle qu'elle est écrite. Il a le sentiment que l'interprète n'a pas fait son travail, qu'il ne l'a pas pris au sérieux. Outre le fait que les partitions complexes nécessitent beaucoup de répétitions, pourquoi réagir ainsi? La raison en est que le musicien occidental identifie la musique comme un produit personnel de son propre égo, contrairement au musicien non occidental qui n'a pas cette idée de propriété ou d'appropriation de la musique, en général. C'est similaire à la façon dont les Indiens d'Amérique ont réagi face aux Blancs qui essayaient d'acheter leurs terres. Ils ont cru que c'était une blague. Bien sûr, la terre appartenait à tout le monde. Comment pourriez-vous acheter ce qui appartient à tout le monde ? Comment pouvez-vous le posséder ? Si vous avez la même attitude à l'égard de la musique, comment pouvez-vous signer un morceau de musique puisque la musique appartient à tout le monde ? Comment pouvez-vous prétendre posséder quelque chose qui ne peut pas être possédé ? On ne peut pas rapporter un morceau de musique à la maison comme on rapporte un tableau à la maison.

Se libérer d'une tradition d'écriture a parfois pris la forme chez des compositeurs comme John Cage d'une tentative de se libérer des goûts et des préférences de leur égo. Pourtant, John Cage a continué à signer ses partitions jusqu'à la fin de sa vie. Dans les dernières années de sa vie, il était connu pour se mettre très en colère contre les interprètes qui ne répétaient pas assez ses morceaux. Comme il n'était évidemment pas un individu orgueilleux, quelle était la source de sa colère ? Il n'a jamais semblé se sentir personnellement offensé par un tel comportement de la part des artistes (si un public se moquait de ses pièces, il n'en était pas affecté). Je crois que ce qui le mettait en colère, était le fait qu'il prenait le manque de soin de la part des artistes comme une insulte à la Musique. Cage dit lors d'une occasion où j'étais présent : « Ils ne l'ont pas rendue belle ». Cela montre que, pour Cage, le « péché » de l'interprète qui ne pratique pas assez n'est pas un péché contre le compositeur, mais un péché contre l'art de la musique. Pour Cage, la musique est une discipline spirituelle et même si Cage ne vénère pas la musique comme un dieu, il la considère toujours comme sacrée. Composer de la musique et l'interpréter est un acte sacré. Toute musique sérieuse, de ce point de vue, est une musique sacrée, c'est-à-dire une musique dont le but est d'élever le niveau spirituel de l'auditeur, d'évoquer en lui des sentiments et des réactions de la plus haute importance.

Se libérer d'une tradition d'écriture, dans le cas de la tradition classique de la musique occidentale, c'est aussi se libérer de l'idée qu'écrire une telle musique, c'est s'élever à un statut social supérieur, à une position de notoriété, se faire un nom, et peut-être surtout atteindre l'immortalité par le biais de ses œuvres écrites éternelles. Tant que ces œuvres continuent d'être publiées, jouées et enregistrées, le compositeur peut imaginer que la loi de la mortalité ne s'applique pas à lui.

Se libérer de la tradition II

Iannis Xenakis, dans ses premières compositions « bartokiennes », semble essayer de se trouver une place dans la tradition moderniste européenne du XXe siècle. Rapidement, avec la composition de *Metastasis*, il se trouve « hors de la tradition », dans le « no man's land », c'est-à-dire dans un territoire musical totalement inconnu, non répertorié. C'est à ce moment-là qu'il fait une découverte majeure, celle de relier la musique et l'architecture, d'utiliser les mathématiques pour créer de nouvelles formes musicales et, par conséquent, de composer avec des masses sonores. À ce moment-là, il se demande s'il est encore un compositeur et si ce qu'il compose est encore de la musique. C'est à partir de cette époque, puis dans les œuvres qui suivent que Xenakis est le plus radical. Les découvertes qu'il a faites le placent carrément en dehors de toute tradition musicale connue.

Cette position « hors tradition » est des plus inconfortables, d'autant plus que ce compositeur est loin d'être un compositeur de formation traditionnelle. Les attaques contre sa musique et son propre manque de formation sont rapidement suivies par d'autres compositeurs de formation plus traditionnelle, non seulement les conservateurs, mais aussi les compositeurs « d'avant-garde » qui sont plus clairement que Xenakis des « produits de la tradition ». Nous pouvons distinguer une avant-garde qui est « dans la tradition » d'une avant-garde qui est « hors de la tradition ».

Les compositeurs qui sont des avant-gardistes « dans la tradition » ne veulent pas détruire la tradition, mais simplement l'étendre. Schoenberg est le prototype de ce type de « conservateur radical », qui veut franchir la limite vers une nouvelle musique, à condition que celle-ci ait de nombreux liens avec la tradition. La deuxième école viennoise est le produit évident de la volonté de Schoenberg de maintenir la tradition de la musique classique.

Pierre Boulez était particulièrement attiré par la musique d'Anton Webern, car il voyait en lui une musique plus radicalement nouvelle que les musiques de Schoenberg et de Berg. Pourtant, on pourrait dire que Webern et sa musique sont encore plus traditionnels que ceux de Schoenberg et de Berg, car la musique de Webern renvoie au contrepoint de la Renaissance et non à celui de l'ère baroque. La thèse de doctorat de Webern porte sur le compositeur de la Renaissance, Heinrich Isaac, et non sur Bach, par exemple. Bien sûr, ce n'est pas pour cette raison que Boulez trouve Webern attirant. Je ne m'étendrai pas sur ce sujet, mais je me contenterai de noter que prendre Webern comme référence, c'est être aussi, sinon plus, profondément ancré dans la tradition de la musique classique occidentale que prendre Schoenberg comme compositeur modèle.

Lorsque Xenakis abandonne Bartók comme référence, a-t-il complètement rompu avec l'histoire de la musique classique ? Je crois que la nouvelle référence de Xenakis est Edgard Varèse qui est, jusqu'à Xenakis, le premier compositeur occidental à travailler avec des masses sonores. Bien que Varèse soit tout à fait conscient qu'il compose avec le son lui-même, n'étant pas scientifique ou mathématicien, il ne peut travailler avec de tels concepts qui appartiennent au domaine des arts-sciences par analogie. Varèse ne s'aventurera jamais à calculer sa musique à l'aide de formules mathématiques comme le fait Xenakis. Pour Varèse, son imagination musicale se nourrira de métaphores qui vont entre le son et la science, qui inspireront sa musique de masses sonores se déplaçant dans l'espace. Pour Xenakis, Varèse restera toujours une figure d'admiration, mais, comme pour Schoenberg, Xenakis conclura que ce que Varèse a composé était bon, mais qu'on pouvait aller beaucoup plus loin. Pourtant, choisir Varèse comme parent musical contemporain, c'est déjà se placer en marge de l'histoire de la musique. Boulez choisit d'enregistrer les œuvres de Varèse, mais note qu'il a toujours été « marginal ». En revanche, outre Webern, Boulez choisit de s'allier à Stravinsky. Du point de vue de Boulez, les contributions de Stravinsky à la musique du XXᵉ siècle, par le biais du *Sacre du printemps*, sont bien plus importantes que celles de Varèse.

Xenakis est donc soit « marginalement » « dans la tradition » par l'intermédiaire de son père spirituel, Varèse, soit un compositeur « marginal » de plus, comme Varèse. Être un « compositeur marginal » implique que l'on se situe à la limite de la tradition, mais peut-être pas totalement « hors tradition ». Je considérerais Xenakis, malgré la grandeur de sa musique, comme « marginal » dans le sens où sa musique est complètement singulière, principalement « hors tradition », mais toujours liée à la tradition en faisant partie d'une série de « compositeurs outsiders ». La position du « compositeur outsider » est d'être « en dehors de la tradition » et de porter un regard critique sur la tradition. Ces compositeurs ne sont jamais pleinement acceptés par la tradition, mais sont considérés comme des « curiosités », c'est-à-dire comme étranges ou inhabituels. Outre Varèse et Xenakis, on pourrait ajouter à cette liste Satie, Debussy, Messiaen…

La question d'être dans ou en dehors de la tradition soulève également la question de la tradition d'être un « outsider » et tout ce que cela implique. Le compositeur « outsider » refuse toute référence, sa musique ne peut être analysée par des moyens traditionnels, ses méthodes et ses lois musicales sont un cas à part. Une telle musique est considérée comme très personnelle, en marge de la tradition musicale, mais elle est toujours entendue comme de la musique. Nous pouvons opposer ces compositeurs « outsiders » à d'autres, plutôt considérés comme des « compositeurs expérimentaux », dont la rupture avec la tradition est encore plus grande. Avec eux, la musique est si différente — tout comme la façon de noter ou de ne pas noter — que l'on hésite à les appeler des compositeurs tant ils ressemblent peu à des compositeurs au sens traditionnel. Au XXe siècle, John Cage est l'exemple le plus évident, mais ceux qui ont suivi sont encore plus « hors tradition ». Un compositeur comme Alvin Lucier, pour qui la «partition» consiste en quelques instructions sur la manière d'exécuter la pièce, défie la tradition en continuant à poser des questions radicales : «Qu'est-ce qu'un compositeur ?» et «Qu'est-ce que la musique ?».

Se libérer de la tradition qui veut que l'on soit «dans la tradition» ou «hors de la tradition», «dominant» ou «marginal», nécessite de franchir une étape supplémentaire. La psychanalyse nous aide à conceptualiser ce pas supplémentaire hors de ces considérations «traditionnelles». Jacques Lacan, dans sa dernière période d'enseignement, dans les années soixante-dix, mit l'accent sur le registre du Réel par opposition au Symbolique et à l'Imaginaire. Durant les premières périodes de son enseignement, il théorisa le grand A(utre) qui représentait le registre symbolique de la Loi, de la société, de la civilisation. C'est aussi le domaine du Langage, c'est-à-dire la langue partagée par tous les locuteurs d'une langue commune. À un certain moment de son enseignement, Lacan commença à barrer le A ainsi : Ⱥ, laissant entendre que ce grand A(utre) n'existait pas. Il s'agit d'un moment important dans l'enseignement de Lacan parce qu'il fait aussi référence à un événement important dans la Société, à savoir la chute de l'Autorité d'une façon plus générale, comme en témoigne un irrespect croissant pour l'autorité parentale, les lois de la société, les normes de comportement de la société qui devint de plus en plus évidente dans les années soixante et soixante-dix et par la suite. Cette chute du grand Å(utre) a son équivalent dans les Arts.

Dans le domaine de la musique, les années soixante furent une période d'expérimentation intense, la notation et les pratiques d'exécution étant radicalement remises en question. Toutes sortes de nouveaux sons furent inventés. En France, en mai 1968, des étudiants radicaux écrivirent sur les murs de leur université : « Xenakis pas Gounod ». Pour ces étudiants, la chute de l'autorité de l'Å(utre) musical signifiait que tout ce que Xenakis représentait en tant que questionneur radical de la musique dans toutes ses formes classiques traditionnelles était maintenant célébré dans la révolte des étudiants. « Remettre en question l'autorité » devint le slogan de la révolte. Les règles et pratiques musicales rigides ne seraient plus autorisées à asservir les jeunes compositeurs et interprètes.

Depuis ce moment important de l'histoire, cette « remise en cause de l'autorité » a suscité une énorme réaction conservatrice. Dans un certain sens, beaucoup ont été déçus par ce moment de révolte. Elle n'entraîna pas de changement radical dans la musique elle-même. Les nombreuses expérimentations n'aboutirent pas à une musique véritablement nouvelle. Ce qui était censé changer ne changea pas, car les compositeurs atteignirent un point limite de leur imagination musicale.

Briser toutes les règles ne suffit pas à provoquer la révolution musicale qui avait été rêvée. Plus les compositeurs et les interprètes essayaient d'être libres, plus ils se retrouvaient asservis aux mêmes vieilles traditions musicales. Qu'est-ce qui a mal tourné ? Comment se fait-il que cette période de chute de toute Autorité musicale n'ait conduit qu'à son installation toujours plus rigide, au point que la musique nouvelle d'aujourd'hui est toujours plus tournée vers le passé ? Les compositeurs de l'ère méta-post-post-moderne qui tentent de revenir à la bonne vieille consonance, à la bonne vieille beauté, sont légion. Que faire ? Comment recréer une place pour le compositeur « hors tradition » dans la musique d'aujourd'hui, alors que la chute de l'Ä(utre) musical semble achevée ? Comme la tradition a disparu, ayant été « tuée » par la grande révolution musicale des années soixante, tout est permis. La révolution a réussi, mais « la musique est morte ».

Y a-t-il une chance de faire revivre la Musique morte ? Il me semble que pour se libérer de la nouvelle tradition musicale qui s'est installée, celle de l'ère méta-post-post-moderne, il faut d'abord identifier comment ce nouvel ensemble de lois musicales encore plus rigides nous a asservis et ensuite comment les déconstruire. Quelle est la « nouvelle tradition » mise en place aujourd'hui ? La « nouvelle tradition » affirme que la seule musique nouvelle qui peut être composée aujourd'hui ne doit pas être nouvelle, qu'il est impossible de composer quoi que ce soit de nouveau, car toutes les limites ont été franchies à l'époque expérimentale des années soixante et soixante-dix, avec des résultats catastrophiques pour la musique. La musique est devenue trop libre et s'est presque détruite à cette époque. Faire revenir la musique, pour ces conservateurs, c'est avant tout déclarer non seulement la mort de l'avant-garde, mais son impossibilité même. De ce point de vue, il est devenu littéralement impossible de composer de la musique véritablement nouvelle. Tout ce qui est véritablement nouveau sera déclaré comme ressemblant à la musique morte d'avant-garde du passé, et toute musique « nouvelle » ne peut être qu'une référence à la musique du passé. La musique du futur ne peut donc pas exister, car la musique du présent étant nécessairement la musique du passé, aucune nouvelle musique future ne peut exister de manière « conservatrice ».

Comment se libérer, en tant que compositeur d'aujourd'hui, de cette pernicieuse tradition conservatrice qui prétend ne pas en être une ? Alors que toutes les anciennes règles de composition sont encore enseignées et que toutes les anciennes méthodes de notation sont encore recommandées, paradoxalement, le professeur de composition académique d'aujourd'hui peut encore dire à son étudiant : « Fais ce que tu veux ». Nous pourrions ajouter : « Faites ce que vous voulez tant que vous ne voulez pas faire quelque chose de nouveau ».

Il me semble qu'une fois que nous avons compris ce que cet Å(utre) conservateur musical veut de nous, nous pouvons nous demander : « Est-ce que je veux faire partie de cette "nouvelle tradition"? » Faire partie de cette nouvelle tradition, c'est renoncer à être « hors tradition » ou « marginal ». Pourquoi voudrait-on cela ? Quel peut être l'avantage d'être un compositeur « outsider » aujourd'hui ? La libération implique de reconnaître que cette « nouvelle tradition » n'existe pas et ne peut pas exister. Elle est totalement imaginaire. Depuis la mort du grand Å(utre) musical, être « dans la tradition » ou « hors de la tradition » n'existe plus. On ne peut pas avoir une relation avec un Å(utre) qui n'existe pas. En fait, chaque compositeur est complètement seul face à son propre désir musical. Ce que chacun veut en tant que compositeur, ce que chacun espère gagner, la personne que chacun espère être, tout cela peut être remis en question sans aucune référence à la « tradition musicale ». Cette tradition historique continue d'exister comme un fait dont témoigne la grande quantité d'œuvres musicales du passé, mais c'est tout. Nous, les compositeurs d'aujourd'hui, quelles que soient les écoles de musique que nous avons fréquentées ou non, ne pouvons pas faire revivre cette tradition historique morte. La mort de l'Ⱥ(utre) musical signifie qu'il n'y a personne capable de juger si nous sommes aptes et si notre musique est apte à être admise dans cette tradition historique inexistante. Une fois que nous savons cela, nous nous libérons non seulement de la tradition du passé, mais aussi de la fausse tradition du présent, celle qui essaie de prétendre parler depuis la position de l'Ⱥ(utre) musical qui n'existe pas.

S'affranchir de la tradition musicale historique est aujourd'hui une affaire différente de ce qu'elle était pour Xenakis dans les années cinquante et soixante. Cette tradition historique était sur le point, à son époque, d'être remise en question et l'Ⱥ(utre) musical de son temps allait bientôt voir son autorité complètement sapée. La liberté qui en est résulté à l'époque n'a pas duré très longtemps, car l'affranchissement de la tradition ne peut être obtenu par une révolution sociale, mais par un processus interne d'autolibération de son A(utre) personnel. Xenakis a appelé ce processus « ek-stasis », c'est-à-dire le dépassement de soi, des limites personnelles qui fait partie du développement musical personnel. Luigi Nono, en 1987, composa une pièce intitulée *Découvrir la subversion* dans laquelle il fait référence au poète Edmond Jabès qui écrivit « découvrir la subversion, c'est entrer en soi-même ». Pour moi, il est nécessaire de combiner « l'ek-stasis » de Xenakis avec la « subversion de soi » de Nono. Les mouvements de libération sociale des années soixante et soixante-dix nous montrent qu'il ne suffit pas de briser toutes les règles, de ne plus se soumettre à une autorité extérieure, pour se libérer. Ce que Nono a découvert, c'est que nous continuons nous-mêmes à subvertir notre propre libération en nous soumettant en silence à nos propres démons intérieurs, ceux que nous pensons avoir vaincus en refusant de nous soumettre à leur autorité. Il s'agit d'une fausse libération, car la seule tradition dont il ait jamais été nécessaire de se libérer est celle qui se trouve à l'intérieur de nous-mêmes. Nous nous asservissons en faisant exister le grand A(utre) et en luttant ou en nous soumettant sur le plan imaginaire à cette tradition, tout en ne reconnaissant pas que nous subvertissons notre propre liberté en ne voyant pas cet A(utre) pour ce qu'il est, c'est-à-dire rien d'autre qu'un fantasme. Même un fantasme peut avoir des effets réels et délétères sur notre corps si nous ne sommes pas conscients de la façon dont ce fantasme «vit» en nous. Nous devenons les esclaves de la tradition musicale en nous engageant dans des batailles imaginaires avec elle, en nous positionnant comme les enfants qui se rebellent ou se soumettent à l'autorité de cette tradition.

Si nous sommes vraiment libérés du fantasme de la tradition, la seule question qui reste est «Pourquoi est-ce que je compose?». Si nous pouvons répondre à cette question, nous pouvons entrer dans le cœur de ce que nous attendons de la musique et de ce que la musique attend de nous. Le désir du compositeur est surtout une énigme pour le compositeur, car il ne sait pas pourquoi il compose, pour qui il compose, et dans quel but il compose. La subversion du désir du compositeur vient de l'existence réelle d'un A(utre) imaginaire qui exige constamment des choses du compositeur : «Produisez cette musique-ci, produisez cette musique-là, ne produisez pas cette musique, produisez plus de ce genre de musique...»

Toutes ces commandes musicales provenant de l'emplacement de l'A(utre) imaginaire et inexistant prennent la forme de ce que Freud a appelé la Pulsion. Nous sommes tous asservis et subvertis par la Pulsion à ne pas composer ce qui est notre musique. La tradition est un masque de la Pulsion auquel le compositeur se trouve confronté. Les règles traditionnelles de composition prises au sens large de «ce que je dois composer» sont précisément ce qui ne nous permet pas de nous libérer de ce qui apparaît parfois comme une adhésion même volontaire à une tradition. Elles se masquent comme quelque chose d'utile, comme une technique, comme un savoir-faire, ce dont nous semblons avoir besoin en tant que compositeurs. Nous avons peur de laisser tomber tout cela et de procéder à partir d'une position compositionnelle de pure remise en question de notre désir de composer.

Contrairement à l'interrogation de l'Autorité musicale qui n'est jamais la bonne question à se poser, l'interrogation du désir pur demande qui interroge, pourquoi il interroge, quelles réponses possibles il cherche par rapport à son désir de composer. Le désir de composer comme pure question soustrait même le compositeur-sujet, c'est-à-dire le compositeur inexistant qui fait semblant d'exister en composant.

Le «désir de composer» est une forme de «vouloir être». C'est une façon de plus pour le sujet d'essayer d'être alors qu'il n'est rien d'autre que du pur désir, du pur questionnement, du pur vide. Une fois que le compositeur a pu enlever la couche de «se libérer de la tradition», il peut entrer dans la couche la plus profonde de libération de soi qu'un artiste peut explorer, et qui fera l'objet de la dernière partie de ce livre : «se libérer de soi-même».

SE LIBÉRER DE SOI-MÊME I

Dans les chapitres qui ont précédé, nous avons examiné toutes sortes de pièges ou de « filets » qui rendent impossible ou du moins très difficile pour les artistes créateurs, en particulier les compositeurs, de rester fidèles à leur éthique d'originalité absolue. Nous allons voir maintenant de quelles manières l'éthique xénakienne de l'originalité absolue peut éventuellement s'appliquer dans un monde qui fait tout pour rendre une telle éthique impossible.

Dans le dernier chapitre, nous avons discuté de la façon dont la Pulsion freudienne peut s'infiltrer dans notre désir de composer. Ce qui semble être un pur désir de composer est en réalité un « fantasme » dans lequel nous cherchons un certain type de satisfaction qui est au-delà du plaisir que Lacan a appelé « jouissance ». Nous sommes tous asservis et subvertis par la Pulsion de « devoir » composer et le but de cette Pulsion de composer est d'obtenir la « jouissance ». Chaque compositeur a son propre fantasme sur la façon dont la composition de musique lui permettra d'obtenir la «jouissance». La façon dont ce compositeur appréciera d'être un compositeur est appelée son «mode de jouir», c'est-à-dire la façon dont il s'y prendra pour jouir de la façon dont sa musique est commandée, est jouée, et la satisfaction que le compositeur retirera de la réalisation de son fantasme musical. Il n'est pas nécessaire que le compositeur vive son fantasme de manière «heureuse» pour qu'il jouisse de son «mode de jouir». En effet, souffrir en tant que compositeur, ne pas voir sa musique jouée, ou la voir mal jouée peut faire partie du mode de jouissance du compositeur. Les compositeurs, comme tout le monde, ont une façon d'apprécier leur position subjective par rapport à l'A̸(utre). Comme nous l'avons déjà dit, cet A̸(utre) n'a pas besoin d'exister pour que le compositeur ressente les effets d'un fantasme individuel qui inclut la façon dont sa musique est appréciée ou non et les raisons de cette appréciation. Il n'est pas rare d'entendre des compositeurs se plaindre de leur manque de reconnaissance dans le monde musical et se demander pourquoi ils ne sont pas assez joués ou commandés.

La formule lacanienne de la Pulsion est la suivante :

$$\$ \lozenge D$$

Le $ de la formule est le sujet de l'inconscient et le « ◇ » de la formule signifie en relation avec, ce qui dans ce cas est « D ». Le « D » de cette formule représente la Demande. La Demande en question dans la Pulsion fait référence à un commandement de « jouissance ». Dans sa forme la plus abstraite, le commandement du « D » est tout simplement « Jouis ! ». Donnons un exemple d'un tel commandement de compositeur pour la « jouissance » qui pourrait apparaître : « Produire ! ». Un compositeur sous l'influence de la Pulsion peut se sentir obligé de composer tout le temps, jour et nuit, devenant ainsi une sorte d'esclave de la jouissance obtenue en étant obligé de produire une œuvre après l'autre. Comment tout cela se rattache-t-il à l'éthique xénakienne de l'originalité absolue et à tout ce qu'elle exige ?

Pouvons-nous considérer que cette éthique xénakienne de l'originalité absolue est liée au « D » de la Pulsion freudienne ? Si le compositeur doit obéir à cette Demande d'originalité absolue, nous ne sommes plus dans le domaine du désir du compositeur. Au lieu de cela, l'éthique de l'originalité absolue devient une commande de « jouissance » dictée par le surmoi, un exemple de la pulsion de mort freudienne. C'est cette question même de la différence entre le désir du psychanalyste, par opposition à la pulsion de mort, que l'on retrouve dans une éthique impérieuse comme celle qui anime Antigone dans la tragédie de Sophocle. L'éthique d'Antigone est telle qu'elle doit enterrer son frère, coûte que coûte, parce que la loi à laquelle elle obéit l'exige, même si cela lui coûte la vie. Lacan analyse la nature de la pulsion de mort et du surmoi de l'éthique d'Antigone dans son *Séminaire VII — L'éthique de la psychanalyse*.

Pour que l'éthique xénakienne de l'originalité absolue soit une éthique fondée sur le désir, par opposition à une éthique dirigée par le surmoi, il faut examiner quel est le désir du compositeur. Si le compositeur est animé par le fantasme d'être un martyr souffrant pour la cause de la musique, il se peut bien qu'une telle éthique soit du côté de la pulsion de mort. Le compositeur qui est prêt à mourir pour sa musique, au sens propre ou figuré, se place soit dans la position de victime, soit dans celle d'un opposant à la tyrannie musicale qui résiste sur le plan éthique.

Si nous prenons l'exemple des compositeurs qui n'ont pas pu composer librement à l'époque de l'Union soviétique, nous pouvons trouver des individus qui ont adopté des positions subjectives différentes quant à leur persécution par le gouvernement. Ces compositeurs pouvaient soit s'adapter aux règles que le gouvernement imposait, soit résister silencieusement. Chostakovitch a décidé d'écrire des pièces en hommage à la révolution russe, à Lénine et à Staline. Sa position a été couronnée de succès jusqu'à la fin de sa vie. Galina Oustvolskaïa, au contraire, n'a jamais cessé de composer ce qui était sa vraie musique et elle a dû attendre la chute de l'Union soviétique pour que sa musique soit jouée. Elle n'a pas adapté son style aux exigences du gouvernement ni joué la « martyre » en essayant de faire jouer sa musique sous le communisme. La position de résistance silencieuse est celle qui correspond à la fois à l'éthique de la psychanalyse de Lacan et à l'éthique xénakienne de l'originalité absolue.

Pour Lacan, le seul « péché » est de céder sur son désir. Si nous essayons de trouver des liens entre l'éthique lacanienne du désir et l'éthique xénakienne de l'originalité absolue, le cas de Galina Oustvolskaïa est un bon exemple d'une compositrice qui ne cède jamais sur son désir de composer une musique d'originalité absolue. Oustvolskaïa n'est pas une victime du communisme dans la mesure où elle ne cherche pas à défier le système, mais résiste tranquillement, attendant que son heure vienne où sa musique pourra être jouée.

Comme Chostakovitch, elle choisit de ne pas quitter la Russie. Elle continua à vivre à Saint-Pétersbourg jusqu'à la fin de sa vie. En restant en Russie, elle ne consentit pas à compromettre sa musique, et ne fit pas non plus l'effort de contester le système communiste injuste.

Pour que les compositeurs d'aujourd'hui ne cèdent pas sur leur désir de composer une musique absolument originale, ils ne doivent pas adapter leurs styles ou leurs notations pour plaire aux autorités musicales. Comme Oustvolskaïa, ils doivent attendre patiemment que leur temps vienne, que le temps de leur musique vienne. Défier directement l'establishment musical en l'insultant risque de faire du compositeur une victime. Le compositeur n'est pas non plus tenu de cacher sa musique comme l'a fait Oustvolskaïa, car le fait de soumettre une partition ou un enregistrement n'entraîne pas, du moins dans les pays démocratiques, l'emprisonnement.

Pour que l'éthique xénakienne de l'originalité absolue soit mise en œuvre, le compositeur doit travailler sur lui-même, c'est-à-dire à la fois travailler sur ses névroses individuelles en matière de problèmes et de souffrances psychologiques et définir lui-même la nature de son désir de compositeur. Si la société contemporaine n'est pas, dans l'ensemble, favorable à l'originalité en tant que valeur, c'est-à-dire si, contrairement aux années soixante et soixante-dix, nous vivons à une époque où il est plus important pour les compositeurs de plaire à leur public que de le défier, alors le compositeur doit définir lui-même ce qu'il doit faire de sa propre position subjective. Prennent-ils une position en accord avec leur temps ou risquent-ils d'être « hors du temps » dans leur désir ? Un désir « hors du temps » est un désir qui affirme que le désir n'est pas une question d'utilité ou de résultat, mais que le fait de tenir ou non un certain désir de manière absolue est indépendant du temps dans lequel vit le compositeur. Si l'éthique xénakienne de l'originalité absolue doit être la position d'un compositeur aujourd'hui, celui-ci doit accepter que son désir soit « hors du temps », que la position défendue ait une valeur absolue. Il faut donc être profondément convaincu de la valeur de l'originalité absolue.

Dans quelles circonstances l'originalité du compositeur est-elle une valeur douteuse ? Quand l'originalité ne garantit-elle pas la pureté d'une éthique du désir ? Dans cette question, nous devons explorer les mots « pureté » et « originalité ».

Qu'est-ce qu'un désir « pur » ? Un désir « pur » se soucie peu des conséquences d'un tel désir.

Dans le cas d'un désir d'originalité «pure», le fait d'être original ou non en tant que compositeur ne garantit pas le succès, ni sur le plan matériel ni en matière de notoriété. Il existe aujourd'hui de nombreux compositeurs dont la musique n'est pas particulièrement originale, mais qui connaissent néanmoins un succès matériel et sont devenus célèbres. Si tel est le cas, cela signifie-t-il que tous les compositeurs qui veulent être originaux le sont pour des raisons «pures»? Sans aucun doute, il existe encore de nombreux compositeurs qui espèrent que leur originalité leur apportera gloire et fortune. Que cet espoir soit vain n'empêche pas leur désir d'originalité absolue d'être impur. C'est l'impureté de leur désir qui risque d'en faire une mauvaise base pour une éthique.

Tous les désirs, même lorsqu'ils sont fermement défendus, ne peuvent pas être le fondement d'une éthique du désir. Le désir narcissique n'est pas une base pour une éthique. Faire respecter une éthique, c'est défendre une valeur qui va au-delà de son intérêt personnel. Nous devons analyser ici si le désir d'originalité absolue d'un compositeur peut être considéré comme un désir qui sert la musique elle-même, par opposition à la flatterie de l'égo du compositeur en question. Si l'originalité doit être un désir qui sert un objectif plus important que celui d'attirer l'attention d'un compositeur par un public qui l'écoute, alors nous devons également examiner les cas où l'originalité absolue n'est pas à l'avantage du compositeur.

Si une musique véritablement originale dérange, agace et est jugée intolérable pour les oreilles, c'est-à-dire « laide », comme cela fut parfois le cas pour la musique de Xenakis, il est probable que les organisateurs du concert ne réinviteront pas le compositeur. Si les organisateurs et leur public ne trouvent pas leur « jouissance » à l'écoute de cette musique absolument originale, le compositeur a tout intérêt à changer de style. S'ils s'en tiennent à leur éthique, les compositeurs en question pourraient bien souffrir de leur choix, même si ce n'était pas leur désir.

L'originalité peut être considérée comme servant la musique elle-même si elle permet à la musique d'avancer. L'émergence d'un nouveau style musical, comme ce fut le cas au cours des mille ans d'histoire de la musique classique occidentale, a permis à cette musique de continuer à se développer et à chaque nouvelle génération de compositeurs d'apporter quelque chose de nouveau à cette histoire. Si l'originalité dans son sens absolu, c'est-à-dire l'originalité qui conduit à de nouveaux modes d'expression musicale, par opposition aux variations sur un style musical préexistant, venait à disparaître, au bout d'un certain temps, la musique stagnerait et perdrait son intérêt pour les futures générations d'auditeurs. L'éthique de l'originalité absolue est donc nécessaire pour que la musique classique occidentale ait un avenir. L'éthique d'Iannis Xenakis n'est pas seulement « l'opinion » ou la « préférence personnelle » d'un compositeur individuel. La disparition ou la quasi-disparition de l'originalité absolue en tant que valeur éthique pour les compositeurs risque de mettre en péril l'avenir de la musique classique occidentale.

Pour que le compositeur se libère de lui-même, nous avons jusqu'ici examiné comment une éthique de l'originalité absolue peut amener le compositeur à faire des choix qui dépassent la névrose ou le narcissisme individuel. Y a-t-il d'autres moyens — selon Xenakis — avec lesquels il est nécessaire pour le compositeur de se libérer de lui-même ?

Xenakis est un compositeur tout à fait moderne dans le sens où l'expression personnelle n'est pas un objectif pour lui. Même si sa musique est très expressive et a un impact énorme sur ceux qui l'écoutent, on ne trouve pas Xenakis comme sujet de ses propres compositions. Contrairement à la musique romantique dans laquelle le compositeur apparaît souvent comme le héros d'un drame (*Symphonie fantastique* de Berlioz, *Ein Heldenleben* de Strauss), dans la musique de Xenakis, les grands drames de sa vie ont été rendus sous forme abstraite. Ses expériences traumatisantes en tant que jeune homme assistant à d'énormes manifestations à Athènes, celles-là mêmes qui l'ont conduit à frôler la mort et à devenir aveugle et sourd d'un côté du corps apparaissent encore et encore dans ses grandes compositions pour grand orchestre. Le traumatisme a été surmonté par le processus de « l'ek-stasis », c'est-à-dire le point de vue selon lequel l'événement catastrophique n'est plus purement subjectif. Nous n'entendons pas la musique du point de vue du sujet qui souffre. C'est plutôt l'événement impressionnant lui-même qui est dépeint dans la musique. Du point de vue de l'événement de masse lui-même, nous, les auditeurs, sommes rendus minuscules devant quelque chose qui est terrifiant dans sa puissance et son intensité catastrophiques. Nous avons le privilège, grâce au génie de Xenakis en tant que compositeur, d'assister et de vivre pleinement l'événement catastrophique sans être détruits par lui. On peut imaginer que Xenakis s'est rendu compte qu'il avait effectivement beaucoup de chance d'avoir survécu à cette expérience de mort imminente et que le seul moyen pour lui de surmonter ce traumatisme était de le vivre et de le revivre sous forme d'œuvre d'art. Finalement, ce qui a failli le tuer peut être apprécié comme un grand spectacle de son et de lumière, comme dans ses *Polytopes*, qui se rapprochent le plus de l'expérience totale des démonstrations, avec toute leur fascination, leur grandeur et leur horreur. Quelle meilleure sublimation d'un traumatisme que d'en faire une œuvre d'art fantastique ?

Xenakis nous enseigne que même le plus terrible des traumatismes peut être la source de nos plus grandes compositions musicales. Son principe d'« ek-stasis » permet au compositeur, grâce à son imagination pure, à sa pensée logique, à ses connaissances scientifiques et à son talent musical, de créer de nouvelles formes qui lui permettent de recomposer ou de restructurer des expériences traumatisantes afin qu'elles se répètent, mais jamais de la même manière.

L'éthique de l'originalité absolue s'applique dans la musique de Xenakis non seulement à la nécessité de composer chaque fois une œuvre absolument nouvelle et originale, qui ne répète jamais exactement les mêmes procédés que ceux utilisés dans les compositions précédentes, mais aussi à la manière dont il utilise la répétition dans le corps d'une composition individuelle.

Les matériaux musicaux peuvent apparaître et réapparaître sous forme de répétitions apparentes, mais lorsque nous les examinons attentivement, nous voyons que les répétitions ne sont jamais les mêmes, qu'il y a toujours un principe de petite transformation qui est une répétition absolument nouvelle et originale par rapport à son apparition précédente dans l'œuvre.

Plus haut dans ce chapitre, j'ai évoqué la pulsion de mort freudienne, dont le principe même est la compulsion de répétition. Freud a théorisé que la compulsion de répétition était une tentative du patient de maîtriser le traumatisme en le répétant. Aujourd'hui, on appelle cela le syndrome de stress post-traumatique et on l'observe souvent chez les soldats qui ont vécu des expériences traumatisantes lors des guerres auxquelles ils ont participé. Il ne fait aucun doute que Xenakis a probablement souffert d'une expérience similaire après avoir reçu sa blessure. Nous avons, dans son cas, un exemple remarquable d'autoguérison. Lacan appelait cela le « sinthome ».

Dans *Séminaire XXIII — Le sinthome* sur James Joyce, Lacan explique comment Joyce a échappé à la psychose, est devenu un écrivain qui s'est fait un nom et qui, avec *Finnegans*

Wake, a créé un nouveau type de littérature de pure «jouissance» du langage.

Le «sinthome» de Xenakis de devoir être un «compositeur absolument original» l'a aidé à surmonter par «l'ek-stasis» sa dépression et son traumatisme post-blessure en créant un type absolument nouveau de musique de masses sonores, une musique qui l'a fait connaître, une musique qui a également eu un grand impact sur le monde de la musique du XXe siècle, même si, au début, il n'était pas facile d'accepter cette «musique du traumatisme» d'une intensité insupportable. Avec Xenakis, une musique du Réel traumatique a été introduite, un Réel où le sujet disparaît et où il ne reste qu'un excès insupportable entraînant une surcharge d'anxiété dans le corps, à peine capable de tolérer cette expérience et ayant besoin de la symboliser comme une forme musicale bien maîtrisée.

SE LIBÉRER DE SOI-MÊME II

Au cours des quinze années pendant lesquelles j'ai connu Xenakis, de 1986 à 2001, je l'ai vu lutter contre divers problèmes de santé, pour finalement se battre contre la maladie d'Alzheimer, qui s'est aggravée de plus en plus. De 1997 à 2001, Xenakis ne fut plus en mesure de composer. Ses problèmes de mémoire et de dépression lui firent craindre que lui et sa musique soient oubliés. Souvent, lorsque des musicologues l'interrogeaient sur une de ses œuvres, il répondait avec une certaine perplexité : «C'est moi qui ai composé ça?» Au début, les gens pensaient qu'il plaisantait. Ils n'imaginaient pas que cet homme brillant ne puisse pas ne plus se souvenir quelles pièces il avait composées. Il est devenu de plus en plus difficile et douloureux pour Xenakis de se concentrer sur ses dernières œuvres. Les œuvres furent de plus en plus courtes, certaines ne durant que trois ou quatre minutes. Pourtant, il continua à composer aussi longtemps qu'il le put. La pièce de quatre minutes *O-Mega* pour percussion solo et ensemble fut la dernière.

Ma propre réaction face à ses difficultés croissantes a été de le rassurer en lui disant que lui et son travail ne seraient jamais oubliés. En 2000, après avoir discuté avec Xenakis et son épouse, Françoise, nous avons décidé de renommer les Ateliers UPIC, «Centre de composition musicale Iannis Xenakis» (CCMIX). Je dis à Xenakis que je voulais faire cela pour que chaque compositeur qui viendrait au centre en résidence, ou pour étudier dans notre cursus, se souvienne de l'œuvre de Xenakis. Il répondit : «Mais, est-ce qu'ils vous laisseront faire?». Sa réaction me laissa perplexe, et je me demandais qui pouvaient bien être ces «ils». Je n'en discutais pas avec lui ou sa femme, mais cette dernière me dit plus tard qu'ils étaient tous deux d'accord avec le changement de nom.

C'est à la suite de ce changement de nom que j'ai pensé qu'il était particulièrement important dans nos cours de mettre l'accent sur la totalité de l'œuvre de Xenakis en tant que compositeur, et pas seulement sur son travail avec l'UPIC. Pendant les dernières années de sa vie, Xenakis devint le président du nouveau CCMIX, mais il lui fut de plus en plus difficile de quitter sa maison, car il se perdait et se fatiguait rapidement. Je continuais à lui rendre visite chez lui, car je voyais que, pour beaucoup d'autres, il était gênant d'interagir avec Xenakis en raison de son état de faiblesse. En fait, la plupart des dernières fois où je l'ai vu, nous sommes restés silencieux. Xenakis semblait aimer regarder le feuilleton *Colombo*. Nous le regardions ensemble et il semblait particulièrement fasciné par l'acteur Peter Falk, qui, comme Xenakis, avait un œil de verre. Un jour, Xenakis montra Falk à la télévision et dit : « Il est comme moi ». Je supposais qu'il parlait du fait de partager le même handicap que l'acteur, mais je me demande rétrospectivement s'il ne faisait pas également référence au personnage de Colombo, que les autres prenaient souvent pour un idiot. J'eus l'impression que Xenakis était parfaitement conscient de sa perte de capacité à se souvenir et à se concentrer, et que cela ajoutait à sa dépression. Il n'était pas le genre d'homme à parler de telles choses, du moins à moi, et il souffrait stoïquement en silence.

L'impossibilité de composer a privé Xenakis de son principal moyen d'« ek-stasis », qui, comme je l'ai déjà dit, était sa façon d'« être moins malheureux ». Néanmoins, c'était sa position subjective de traverser cette dernière épreuve, ou traumatisme, comme il en avait traversé beaucoup d'autres dans les parties précédentes de sa vie, comme la perte de sa mère, et la perte de la vue et de l'ouïe d'un côté de son corps. La perte, d'abord de sa bonne santé générale, puis de sa mémoire et de sa concentration, durant les quinze dernières années de sa vie, a sans doute été extrêmement difficile à supporter pour lui. Le suicide n'était pas une option à ce stade avancé de sa vie, alors qu'il l'avait imaginé comme une possibilité étant plus jeune. Plus que probablement, il ne voulait pas faire subir ça à sa famille. Il ne lui restait plus qu'à attendre la fin pendant les années qui suivirent son incapacité à composer. Il demanda à son épouse que sa dépouille soit incinérée et ses cendres dispersées dans la mer, à l'endroit où il aimait tant nager et faire du bateau en Corse pendant des d'années.

L'exigence de composer qui avait guidé son éthique de l'originalité absolue dût céder la place à un ultime Réel de souffrance. La seule issue était la mort avec ses cendres dispersées dans la mer, une dissolution finale de l'être corporel et de la souffrance. Une libération finale fut donc obtenue en tant que liberté ultime du moi. Bien sûr, il reste les œuvres musicales de ce grand compositeur et ses craintes d'être oublié étaient totalement infondées. En 2022, de nombreuses célébrations internationales de son 100e anniversaire, sous la forme de nombreux concerts et de congrès musicologiques consacrés à son œuvre, ont été organisées.

Se libérer de soi-même, dans le cas de Xenakis, consistait à trouver un moyen de surmonter la perte traumatique et la souffrance corporelle par «l'ek-stasis» de la composition et de la pensée musicale. Le travail absolument original était son idéal et il l'a obtenu dans sa musique comme dans ses inventions. Le système de musique assistée par ordinateur, UPIC est l'une de ces inventions, mais il y en a eu beaucoup d'autres.

Même si l'inventivité compositionnelle et théorique, issue de la position de l'éthique de l'originalité absolue, reste pour nous, compositeurs d'aujourd'hui, une position qui mérite d'être suivie, chacun selon ses capacités et ses désirs individuels, la vie et l'œuvre d'Iannis Xenakis nous montrent aussi la limite de son approche dans le monde tel qu'il est aujourd'hui. Nous, les compositeurs d'aujourd'hui, vivons dans un monde qui fait peu de cas de la créativité et de l'individualité. La position du compositeur est de plus en plus difficile et solitaire. Nous sommes menacés, d'une part, par l'indifférence générale à l'égard de nos tentatives de poursuivre la voie de la musique classique et, d'autre part, par les tentatives de la technologie de nous remplacer par l'intelligence artificielle. Au-delà du réel existentiel de la mauvaise santé et de la mort qui nous guette tous, la plus grande menace pour le créateur musical aujourd'hui est la mort du sujet.

Bien sûr, dans la musique contemporaine, il ne s'agit plus d'exprimer des émotions ou des sentiments subjectifs, mais plutôt de savoir comment la musique composée par un sujet vivant ancré dans un corps peut exprimer le Réel d'exister en tant qu'être souffrant et parlant. Si la tendance à éliminer le sujet de la créativité et de la musique en particulier se poursuit, c'est l'avenir même de la musique qui est en jeu. La créativité, dans son essence, nécessite un sujet vivant qui s'efforce de créer un « sinthome » musical, c'est-à-dire un moyen de traiter la perte et la souffrance. Chaque fois qu'un compositeur devient lui-même en se surmontant, il y a un gain pour toute l'humanité dans sa lutte constante pour être. Même à notre époque de technologie, où seul le quantifiable semble compter, où seul le scientifique a une validité, où le matérialisme en tant que réductionnisme scientifique a pris un ascendant total, la créativité du sujet reste un dernier bastion de la lutte humaine. Alors que l'humanité disparaît peu à peu, seul le sujet vivant, avec son éthique d'originalité absolue, continue de dire « oui » à la vie, à l'amour et à la créativité. La dissolution de ce sujet ne peut que conduire à la dissolution de l'être humain. Que l'avenir soit dominé par des créatures cybernétiques, mi-chair, mi-machine ou des robots totalement programmables, la mort du sujet est annoncée. Ce n'est pas le dépassement de soi en devenant pleinement soi-même par une « ek-stasis » créative que Xenakis avait en tête.

Nous ne nous libérons pas de nous-mêmes en oubliant qui nous sommes. Ce n'est pas en éliminant le sujet que nous éliminons les défis de devenir pleinement nous-mêmes. Même si nous sommes obligés d'admettre que l'égo pose un faux soi-même, une totalité imaginaire, c'est toujours le travail du sujet de construire continuellement de nouvelles créations, de nouvelles solutions, à partir de pulsions et de fantasmes déconstruits. C'est cette « lutte pour être » qui mène à la créativité en général et à la créativité musicale dans la composition en particulier.

Les outils musicaux tels que les programmes et les ordinateurs sont des aides précieuses qui peuvent rendre le travail des compositeurs moins lourd et moins fastidieux. Néanmoins, il est essentiel que nous sentions dans la musique la présence d'un sujet vivant qui dirige le travail de la machine. Sans la présence de ce sujet, la musique qui est produite est bien pire qu'anonyme.

Même la musique anonyme, telle qu'elle était pratiquée au Moyen Âge, comportait un sujet non nommé implicite dans la partition. La musique sans sujet est une pure « musique d'automate ». Une telle musique nous offre une fausse solution de dépassement de soi en éliminant le sujet. Puisque le sujet continue d'être la cible d'une grande violence métaphysique dans la société contemporaine, par le biais des scientifiques et des psychologues qui tentent d'éliminer la subjectivité en tant qu'objet d'étude valable, par le biais du comportementalisme cognitif, de la neurobiologie, de la neurochimie, de la génétique, le sujet continue de se manifester par le biais de passage à l'acte violent, tel que les meurtres de masse, les tueurs en série, le terrorisme… Le sujet, en danger d'anéantissement, continue d'affirmer son existence par toutes sortes d'explosions de violence avec toutes les formes de haine sociale en hausse. Avant son élimination finale, le sujet continue de crier : « Je suis » avec une explosion de rage totale contre ceux qui veulent ignorer et nier son existence.

Jamais l'être humain n'a été autant menacé dans son existence même, non pas tant par les menaces des pandémies et du changement climatique, mais par la dévalorisation massive du sujet, celui qui pourrait créer non seulement de nouvelles formes d'art et de musique, mais aussi de nouvelles solutions pour les manières d'être ensemble en société. L'isolement toujours plus grand du compositeur individuel n'est qu'un microcosme du malaise général qui menace de détruire non seulement le sujet, mais aussi tous ses liens sociaux avec d'autres sujets.

Paradoxalement, pour le compositeur d'aujourd'hui, se libérer de soi a pris un tour nouveau et dangereux. Le désir du sujet de se dissoudre dans le néant béat de l'intelligence artificielle est réel et présent. Nous préférons être un smartphone qu'un compositeur intelligent. Le compositeur d'aujourd'hui cherche son « application miracle » qui le libérerait de la lourde responsabilité de l'éthique de l'originalité absolue. Tout sauf être placé devant la page vide, tout sauf être forcé de créer quelque chose à partir de rien, tout sauf être forcé d'imaginer quelque chose de nouveau, là où ce qui est présent ne sont en fait que les ruines et les cendres d'un passé brûlé. Devant le spectacle d'une musique morte en état de putréfaction avancée, le compositeur d'aujourd'hui veut tourner la tête pour regarder vers un avenir rose qui lui enlèvera l'horreur de ce vide. Plutôt que de se forcer à regarder la catastrophe intérieure, plutôt que de se forcer à surmonter le vide subjectif et le vide qui ne cessent de croître, c'est un oubli joyeux qui nous attend. Vous ne le saviez pas? Le sujet est mort!

Oh le pauvre compositeur! Tout ce qu'il voulait, c'était mettre quelques points sur une page sans trop de problèmes, trouver quelqu'un pour la jouer, et tirer sa révérence. Pourquoi les choses doivent-elles être si compliquées? Au moins, pour des compositeurs comme Xenakis, ils savaient ce qu'ils visaient. Que «gagne» celui qui a l'esprit le plus original, les sons les plus originaux, la théorie la plus originale! Qui gagnera aujourd'hui alors qu'il n'y a plus de sujet derrière la composition? Devons-nous donner des prix aux meilleures compositions de robots? Lorsque le compositeur cybernétique s'inscrit au conservatoire, doit-il montrer son meilleur programme? Quel type de compétences créatives le robot compositeur du futur devra-t-il posséder pour obtenir un diplôme supérieur en «musique sans sujet»? Sans aucun doute, le compositeur cybernétique du futur sera parfait dans ses exercices de contrepoint et d'harmonie. Qui laisser entrer au conservatoire? Tous les candidats doivent être parfaits sur le plan informatique! Qui doit devenir élève et quels seront les critères pour être le meilleur compositeur? Bien sûr, la structure du conservatoire ne mourra jamais, car même les compositeurs robots doivent avoir un diplôme. Comment faire la différence entre un robot compositeur «ordinaire» et un robot compositeur «génial»? Que le meilleur algorithme gagne! Mais, quel est le critère pour être le meilleur compositeur? Seul le futur professeur de musique pourra le dire. L'important sera que la musique académique proprement dite, dont toute subjectivité aura été complètement éliminée, aura finalement atteint son objectif, à savoir l'établissement de critères d'excellence totalement objectifs dans la composition musicale «scientifique».

L'élimination du sujet en tant que compositeur musical aura pour effet bonus la résurrection de l'Ⱥ(utre) qui n'existe pas! Avec le triomphe de la nouvelle «musique d'intelligence artificielle cybernétique», nous saurons enfin si la musique qui a été composée a la bonne séquence de notes, le bon nombre de notes et la bonne forme musicale. Tout cela aura été rendu «objectif» une fois pour toutes.

Postface

Finalement, lorsque tout ne peut être dit, il y a la musique. La musique d'Iannis Xenakis continue de m'accompagner, vingt ans après sa mort. Dans cette musique, je trouve un réconfort dans le fait que la libération finale de la souffrance de ce compositeur de génie aura consisté — alors que son corps souffrant s'est dissous depuis longtemps — à ce que la grande musique qu'il a composée résonne toujours plus brillamment.

Peut-on dire que, pour un compositeur, la musique qui subsiste après la dissolution du corps matériel est « l'ek-stasis » de l'âme ?

De son vivant, chaque compositeur n'est qu'un petit grain de poussière dans le nuage cosmique. La plus grande de ces taches est minuscule par rapport au grand « Tout ». Lorsque l'homme disparaît, la musique, surtout si elle est très puissante, commence à prendre la place de cette très pauvre chose que nous appelons l'être humain.

Ce n'est pas un signe de l'immortalité du compositeur en tant que sujet que son nom demeure. La survie de sa musique est plutôt une preuve de la loi de la conservation de « ce qui compte ». Ce qui compte dans la musique (il s'avère que les atomes de son ont une masse et ne sont pas seulement des ondes de vibration qui se déplacent dans l'air) ne peut être ni créé ni détruit, il peut seulement être transformé en énergie sonore.

Les restes matériels d'un grand compositeur — dans le cas de Xenakis, quelques cendres flottantes à la surface de la mer — ne sont pas ce qui se transforme en l'énergie sonore brillante de sa musique éternelle. Cette musique, dont ses partitions ne sont qu'une trace très limitée, partielle et imparfaite, se transforme en vibrations et pulsations transcendantes « hors du temps » d'ondes de son et de lumière qui se transforment éternellement :

Lumière et Son,

Lumière sonne sombre,

Son et Lumière,

Son brûle encore.

Voyage d'hiver,

Silence sombre refroidi.

Lumière et Son,

Toutes les âmes doivent rechercher la Lumière et le Son, le Mystérieux Sol Ultime,

Oscillation de la Lumière Perpétuelle,

Pulsation Sonique de l'Éternité.

Ô Merveilleuse Manifestation !

Spatialisation sans localisation !

Réverbération Universelle !

Composer pour toujours avec Joie,

Canaliser le Bruit Cosmique !

Création avec le Son et la Lumière :

Oscillations à pulsations sonores,

Pulsations à oscillations lumineuses.

Xenakis a laissé de nombreux projets d'architecture cosmique et de polytopes cosmiques non réalisés. Il dessina un projet de ville cosmique qui s'élèverait verticalement dans le ciel et l'un de ses derniers projets pour un *Polytope* était un projet dans lequel les sources musicales et lumineuses se trouvaient dans l'espace. Bien sûr, ces projets visionnaires ont été considérés comme « utopiques », comme l'ont été tant de projets d'autres grands compositeurs qui ont dépassé ce qu'il était possible de réaliser, par exemple, la *Universe Symphony* de Charles Ives ou le *Mystère* de Scriabine. Ces projets reflètent déjà le désir du compositeur de travailler avec des moyens qui dépassent ceux du monde matériel « normal » qui l'entoure. Le désir du compositeur visionnaire va vers un temps et un espace illimités, des sources illimitées de son et de lumière, et un souhait de ne plus être contraint par des limitations matérielles. Ces projets visionnaires ne tiennent pas compte du manque de moyens technologiques ou financiers.

Xenakis est l'un des rares compositeurs visionnaires dont le désir dépasse tous les moyens matériels de réalisation possibles. L'imagination est illimitée. Le désir est infini. On ne peut concevoir de tels projets que sous la forme de dessins, d'esquisses et de mots. Après les mots, il ne reste que le désir infini. L'envie de quitter ce monde avec tous ses compromis et ses déceptions conduit à un désir de dissolution matérielle, une envie de quitter ce monde pour atteindre un univers aux possibilités illimitées.

L'éthique xénakienne de l'originalité absolue ne pourra jamais être réalisée dans notre monde.

Nous sommes continuellement confrontés à des personnes qui nous disent que nos projets sont «impossibles» parce qu'ils demandent trop de temps et coûtent trop d'argent. Ce n'est que dans notre désir illimité que nous sommes libres de concevoir n'importe quel projet musical qui nous fait envie. De tels projets «utopiques» nécessitent une projection dans la dimension «hors du temps». C'est ainsi que Pythagore a imaginé la «Musique des Sphères». Il est possible d'imaginer des «polytopes»; des morceaux de musique vastes, illimités, qui utilisent tous les éléments cosmiques tels que les étoiles, les galaxies, les supernovae, les trous noirs...

J'ai personnellement travaillé sur un tel projet intitulé *Atomes d'Espace et de Temps* en collaboration avec l'astrophysicien et écrivain Jean-Pierre Luminet. Il s'agit d'un projet basé sur un livret écrit pour moi par Luminet qui décrit la formation des trous noirs au niveau des étoiles, des galaxies et de l'univers lui-même. Les atomes d'espace et de temps qui sont décrits sont des moyens de rendre compte de la connexion cosmique entre la gravité quantique et la physique quantique. Depuis quelques années, je me débats dans mon imagination afin de savoir avec quels types de son et de lumière je devrais travailler pour réaliser ce grand projet. J'ai pensé à travailler avec de grands orchestres et de grandes chorales, de la musique électronique, du théâtre musical, de la lumière, de la vidéo, des lasers... En fait, les possibilités sont infinies. La difficulté que je trouve dans la réalisation d'un tel projet visionnaire est qu'aucun son musical actuel ou source de lumière potentielle n'est adéquat pour représenter de tels événements cosmiques. Les moyens matériels dont je pourrais disposer ne seraient jamais aussi puissants que ce que décrit le texte et aucune version réelle de cette pièce ne pourrait correspondre à ce que je vois et ce que j'entends dans mon esprit et mon oreille.

Cela me laisse le choix de décider de ne jamais écrire réellement la pièce parce qu'elle serait toujours un compromis entre ma vision absolue et la pauvreté relative des moyens matériels qui me sont accessibles sur la Terre aujourd'hui. Est-il préférable d'approcher sa vision avec des moyens imparfaits ou de laisser le projet sous forme de dessins, d'esquisses et de descriptions verbales de ce que j'imagine ? J'ai décidé de réaliser la pièce avec un orchestre et un chœur virtuel, c'est-à-dire un orchestre d'instruments et de voix enregistrés sur 48 pistes audio. Une diffusion dans l'espace avec un accompagnement visuel de lumières est prévue. Pour moi, ce sera l'une des infinies réalisations possibles de *Atomes d'Espace et de Temps*. Ceci constitue un bon exemple de la façon dont une version « dans le temps » du morceau n'est qu'une version possible.

Dans le « Multivers de la musique », pour chaque univers musical possible, il existe une version différente de chaque œuvre qu'un compositeur pourrait écrire. Le compositeur pourrait écrire, potentiellement, un nombre infini de réalisations « dans le temps » de son œuvre, dans une infinité de multivers musicaux. À un niveau d'infini supérieur, cette infinité de réalisations « dans le temps » ne serait qu'un sous-ensemble du plus grand nombre de versions potentielles « hors du temps » de chaque pièce.

En raison de la nature du désir musical, il existe un ordre plus grand d'infinité — des possibilités infinies seulement limitées par les limites de l'imagination musicale. Si nous pouvions imaginer une vie musicale après la mort pour les musiques des compositeurs, dans le multivers des univers musicaux possibles pour les événements sonores, il y aurait un nombre toujours croissant de possibilités musicales « hors du temps » qui dépasseraient rapidement les réalisations infinies « dans le temps » de ces possibilités, qui seraient toujours en retard sur l'infinité « hors du temps » des possibilités en expansion. Ainsi, l'univers musical peut également être imaginé comme étant en perpétuelle expansion, et ce qui limitait la créativité du compositeur dans le monde matériel serait illimité dans un monde de structures musicales « hors du temps » en expansion infinie.

Enfin, ce que nous appelons « l'âme », c'est l'illimitation de la créativité musicale et de l'énergie sonore créative lorsque l'espace et le temps pour cette créativité musicale perdent leurs limites matérielles. L'éthique xénakienne de l'originalité absolue perd également ses limites matérielles dans un univers de possibilités en expansion constante d'énergie créatrice en constante transformation. L'énergie illimitée de la créativité, l'invention sans fin de nouvelles structures musicales « hors du temps », ne peut que conduire à des réalisations sans fin « dans un temps infini » de ces formes musicales possibles.

Alors que le compositeur vivant doit accepter que beaucoup, ou dans certains cas, la plupart de ses projets et idées musicales resteront « hors du temps », dans le cosmos lui-même, avec toutes ses possibilités énergétiques de transformation infinie, aucun projet ne doit jamais être laissé sans suite. Ce n'est que si l'univers s'avère être d'une durée limitée qu'il y aura des projets musicaux « hors du temps » non réalisés. S'il s'avère que la théorie des univers multiples est vraie, nous devrions alors nous poser la question suivante : « Si l'un de ces univers venait à disparaître, un autre prendrait-il immédiatement sa place ? ». De la mort d'un univers, du fait de son écrasement au moment de l'hypothétique « Big Crunch », naîtra-t-il un nouveau « Bébé Univers » ? C'est une des questions que pose Jean-Pierre Luminet dans son livre *Le destin de l'univers* et cette question figure dans le livret qu'il a écrit pour *Atomes d'Espace et de Temps*.

La version ultime de l'éthique xénakienne de l'originalité absolue de la musique du compositeur est la créativité infinie de l'univers « hyper-chaotique » lui-même, une potentialité de l'univers musical lui-même dont un compositeur n'est qu'une partie. L'univers lui-même, dans son expansion infinie, génère toujours de nouvelles structures musicales « hors du temps » qui sont ensuite réalisées comme des formes musicales « dans le temps » « sans raison ». (cf. Quentin Meillassoux)

Peut-être, de ce point de vue, les compositeurs dits « mystiques », tels que Scelsi ou Stockhausen, ne font-ils que puiser dans cette créativité musicale infinie de l'univers. En tout cas, ces deux compositeurs ont dit avoir reçu des vibrations musicales provenant d'autres dimensions. Plutôt que de qualifier simplement ces expériences de « folles », nous pourrions peut-être dire que, dans le schéma plus large de l'univers, par opposition à la Terre seule, ne pourrait-il pas y avoir d'autres sources d'inspiration, d'énergie et d'invention que celles, plus banales, dont on parle habituellement ? Bien sûr, même des projets tels que le *Polytope cosmique* de Xenakis, la *Universe Symphony* d'Ives ou le *Mystère* de Scriabine peuvent être considérés comme « irréalistes », « utopiques » ou même un peu « fous ». Dès que le désir d'originalité absolue du compositeur touche à l'infini, ce qui est imaginé entre rapidement dans le domaine de « l'impossible », selon les réalistes.

Si l'on considère qu'une grande partie de ce que Xenakis a écrit il y a soixante ou soixante-dix ans était autrefois considérée comme « impossible à jouer » et qu'aujourd'hui, de nombreux jeunes virtuoses sont capables de jouer très bien ses pièces pour piano solo ou percussion solo, on peut dire que « l'impossible », en tant que catégorie logique, peut être divisé en « relativement impossible » et en « absolument impossible ». Ce qui est « relativement impossible » est impossible pour le moment, mais peut s'avérer ne pas être impossible à l'avenir, à mesure que les choses changent et que de nouveaux moyens de réalisation deviennent disponibles. «L'absolument impossible» est impossible en raison de la structure du Réel. C'est un impossible car il n'est pas symbolisable. Il existe des créations musicales impossibles à symboliser, et donc inimaginables.

La *Universe Symphony* d'Ives est un exemple de composition de ce qui semblait autrefois impossible à réaliser dans le domaine des projets de composition visionnaires. Il existe déjà trois réalisations récentes de cette œuvre extraordinaire qui sont non seulement devenues possibles, mais qui ont également été jouées et enregistrées. Les nouvelles technologies informatiques permettant de réaliser les «idées impossibles» d'Ives ont été utilisées dans ces réalisations.

Parfois, il faut un certain temps pour que des visions «hors du temps» deviennent des réalisations de nouvelles formes «dans le temps».

Dépôt légal : février 2023